essentials

essentials liefern aktuelles Wissen in konzentrierter Form. Die Essenz dessen, worauf es als „State-of-the-Art" in der gegenwärtigen Fachdiskussion oder in der Praxis ankommt. *essentials* informieren schnell, unkompliziert und verständlich

- als Einführung in ein aktuelles Thema aus Ihrem Fachgebiet
- als Einstieg in ein für Sie noch unbekanntes Themenfeld
- als Einblick, um zum Thema mitreden zu können

Die Bücher in elektronischer und gedruckter Form bringen das Expertenwissen von Springer-Fachautoren kompakt zur Darstellung. Sie sind besonders für die Nutzung als eBook auf Tablet-PCs, eBook-Readern und Smartphones geeignet. *essentials:* Wissensbausteine aus den Wirtschafts-, Sozial- und Geisteswissenschaften, aus Technik und Naturwissenschaften sowie aus Medizin, Psychologie und Gesundheitsberufen. Von renommierten Autoren aller Springer-Verlagsmarken.

Weitere Bände in der Reihe http://www.springer.com/series/13088

Michail Logvinov

Das Radikalisierungs-paradigma

Eine analytische Sackgasse der Terrorismusbekämpfung?

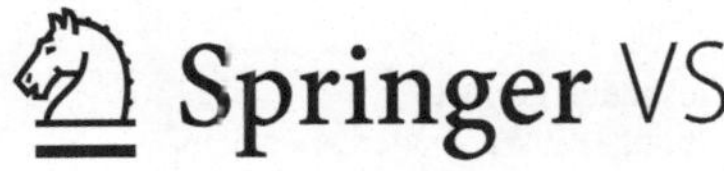

Dr. Michail Logvinov
Berlin, Deutschland

ISSN 2197-6708 ISSN 2197-6716 (electronic)
essentials
ISBN 978-3-658-20715-1 ISBN 978-3-658-20716-8 (eBook)
https://doi.org/10.1007/978-3-658-20716-8

Die Deutsche Nationalbibliothek verzeichnet diese Publikation in der Deutschen Nationalbibliografie; detaillierte bibliografische Daten sind im Internet über http://dnb.d-nb.de abrufbar.

Springer VS

Gedruckt auf säurefreiem und chlorfrei gebleichtem Papier

Springer VS ist Teil von Springer Nature
Die eingetragene Gesellschaft ist Springer Fachmedien Wiesbaden GmbH
Die Anschrift der Gesellschaft ist: Abraham-Lincoln-Str. 46, 65189 Wiesbaden, Germany

Was sie in diesem *essential* finden können

- Die Entwicklung des Radikalisierungsparadigmas im Vergleich zu den multifaktoriellen Ansätzen der Terrorismusforschung
- Definitionen der relevanten Begriffe
- Die Kritik der in Deutschland verbreiteten Annahmen über Radikalisierungsursachen und -faktoren
- Eine ausführliche Diskussion des postulierten Zusammenhangs zwischen dem Salafismus und dem islamistischen Terrorismus/Dschihadismus

Inhaltsverzeichnis

1 Einleitung

> As we know, there are known knowns. There are things we know we know. We also know there are known unknowns. That is to say we know there are some things we do not know. But there are also unknown unknowns – there are things we do not know we don't know (Donald Rumsfeld, 12. Februar 2002).

Nach wie vor kursiert hierzulande eine Formel, nach der zwar nicht jeder Salafist ein (islamistischer) Terrorist sei, aber fast jeder islamistische Terrorist habe einen – irgendwie gearteten – salafistischen Bezug. „Alle islamistischen Attentäter der letzten Jahre entstammten salafistischen Milieus", betonte neulich ein Islamwissenschaftler in einer Wochenzeitung übereinstimmend und erneuerte dieses empirisch fragwürdige Postulat. Die öffentliche und akademische Diskussion ist von der Gefahrenperspektive auf ein Phänomen geprägt, das zumeist ohne fundierte empirische Grundlage als „Nährboden der Radikalisierung" oder „Einstiegsdroge" in den islamistischen Terrorismus verstanden wird.

Wer einen Blick auf die Historie der inneren Sicherheit wirft, wird erkennen, dass das Etikett des Nährbodens bzw. Durchlauferhitzers eine lange Geschichte hat und bis in die Zeiten der westdeutschen Studentenbewegung im Kontext des Linksterrorismus zurückreicht. Vor nicht so langer Zeit wurde es im Hinblick auf legalistische Organisationen wie „Milli Görüs" oder Missionierungsbewegungen wie „Tablighi Jama'at" angewendet. Nach der neo-orientalistischen „salafistischen Wende" postulierten die sicherheitsbehördlichen Islamwissenschaftler eine Kausalität zwischen der fundamentalistischen Lesart des Islam salafistischer Provenienz und dem islamistischen Terrorismus bzw. Dschihadismus.

Die Terrorismusdebatte wird nach wie vor oft instrumentalisiert, um die Nähe eines Milieus zur politischen Gewalt mit Hilfe der längst beschriebenen Bedrohungs- und Bedeutungsspirale herzustellen. Diese funktioniert von unten nach

M. Logvinov, *Das Radikalisierungsparadigma*, essentials,
https://doi.org/10.1007/978-3-658-20716-8_1

oben, indem sie die Bereitschaft zur Regel- und Normverletzung (Regelverletzungsschwelle, Gewaltschwelle) unterstellt und in den Vorwürfen der Befürwortung von Gewalt sowie der Terrorismusunterstützung mündet. Von oben nach unten produziert sie „verkehrte Kausalität“ und charakterisiert den Salafismus als „geistigen Nährboden des Terrorismus“ (vgl. Treiber 1984, S. 346 f.).

Bereits in den 1980er Jahren infrage gestellt, setzte sich die Bedrohungs- und Bedeutungsspirale im Kontext des Salafismus in Deutschland erneut in Bewegung. Dem Radikalisierungskonzept[1] kam dabei eine zentrale Bedeutung zu. Je stärker sich die jeweiligen Szenen ausdifferenzierten, desto ausgeprägter wurde paradoxerweise das institutionelle Bild des Feindes der Verfassungsordnung, das der sicherheitsbehördlichen Reaktion zugrunde liegt. Widersprüche und kritische Fragen blieben lange Zeit aus. Diese Abhandlung stellt einen Versuch dar, die Fragen nach „bekannten und unbekannten Unbekannten“ der Radikalisierungsforschung aufzuwerfen und die strukturellen Defizite des in Deutschland unumstrittenen und dominanten Paradigmas der Terrorismusforschung aufzuzeigen.

[1]Vgl. die Unterscheidung zwischen dem auf extremistische Tathandlungen gerichteten angelsächsischen und dem europäischen Ansatz, welcher mehr auf radikale Einstellungen als auf das Verhalten abhebt (Neumann 2013b, S. 886).

Radikalisierung – Inkonsistenzen und Defizite eines Paradigmas der Terrorismusforschung

2

Was im deutschen sicherheitspolitischen Diskurs mit Blick auf den Salafismus passierte – die starke Betonung des Zusammenhangs zwischen salafistischer Glaubenslehre und Terrorismus –, gehörte in der angelsächsischen Radikalisierungsforschung mehr oder minder zur Normalität. Waren die Terrorismusstudien vor dem 11. September 2001 durch die soziale Bewegungs- und multifaktorielle Ursachenforschung geprägt, die drei Ebenen – individuelle Motive und Überzeugungssysteme, strategische Entscheidungen auf der Gruppen- bzw. Bewegungsebene und das makrosoziale Interaktionsgefüge zwischen terroristischen Akteuren und ihrem Umfeld sowie dem Staat – in Augenschein nahmen, wurden nach der sicherheitspolitischen Zäsur des 21. Jahrhunderts die Weichen neu gestellt. Denn von den Aktionen des Staates und strategischen Entscheidungen terroristischer Akteure infolge der vorwärtstreibenden Interaktionen in einem internationalen Beziehungsgeflecht durfte keine Rede mehr sein. Die Rolle der CIA bei der Unterstützung der afghanischen Mudschaheddin und ausländischen Dschihadisten in den 1970/1980er Jahren wie auch das Kokettieren mit dem Taliban-Regime waren anscheinend zu heikel. Dass Dschihadisten verschiedener Couleur und Architekten des globalen Dschihad in den 1990er Jahren mehr oder minder unbehelligt im safe haven „Londonistan" agieren durften, während weltweit Bomben explodierten, passte ebenfalls nicht länger ins Bild.

Forschungen über Ursachen des Terrorismus hätten überdies mit seiner Rechtfertigung gleichgesetzt werden können.[1] Die Terrorismusforschung ist nach 9/11

[1]Auch neun Jahre später hielt es der Autor von General strain theory of terrorism, Agnew (2010, S. 149), für geboten zu betonen: „If the general strain theory is supported, it is critical to note that while collective strains may help *explain* terrorism, they do not *justify* terrorism".

M. Logvinov, *Das Radikalisierungsparadigma*, essentials,
https://doi.org/10.1007/978-3-658-20716-8_2

zeitweilig gewissermaßen sprach- und konzeptlos geworden. Denn über „Ursachen des Terrorismus“ zu diskutieren, war angesichts des erlittenen Traumas unangebracht. Die Funktion der nachfolgenden diskursiven Verschiebung hin zum Radikalisierungskonzept erklärte Neumann (2008, S. 4) treffend wie folgt: „There is a long and well-established discourse about the 'root causes' of terrorism and political violence that can be traced back to the early 1970s. Following the attacks on the United States on 11 September 2001, however, it suddenly became very difficult to talk about ‚the roots of terrorism', wich some commentators claimed was an effort to excuse and justify the killing of innocent civilians. […] It was through the notion of radicalisation that a discussion […] became possible again.“ Für die Administration von Bush jr. stellten die „Ursachen des Terrorismus“ tatsächlich ein Tabuthema dar. So wurde der Anschlag auf die USA ins Reich des Unbegreiflichen abgeschoben, wobei nichts zu seiner Aufklärung hätte beitragen können und dürfen. Die terroristische Tat als zweckrationale Aktion blieb ganz im Schatten der nur einseitig aufgefassten performativen Handlung (Kippenberg 2008, S. 14 f.). Terroristen mutierten in der öffentlichen Meinung zu Wahnsinnigen und der Terrorismus zur Manifestation des grundlos Bösen. Daher konzentrierte sich die Post-9/11-Forschung in vielen Fällen auf die Mikroebene der individuellen Motive und Überzeugungssysteme (Sedgwick 2010, S. 480).

Viele europäische Staaten folgten dieser Interpretation, weshalb die „Selbstradikalisierung“ und der „hausgemachte Terrorismus“ als Erklärungsfloskeln hoch im Kurs standen (Coolsaet 2016, S. 10 f.). In der Tat: Wenn wir es mit hausgemachten Problemen und/oder Selbstradikalisierten zu tun haben, braucht man bspw. die außenpolitischen Entwicklungen wie die autokratische Regierungsführung in der arabischen Welt, den Afghanistan- oder Irak-Krieg nicht zu reflektieren. Dergestalt wurde das Verstehen der Terrorismusursachen in einer Vielzahl von Studien auf das Verstehen der ideologischen Motive der Handelnden beschränkt bzw. reduziert (Ragazzi 2016, S. 2). So wurde der Terrorismus in der Forschung seiner politischen Dimension entledigt (Mythen et al. 2016, S. 8; Sageman 2017, S. 92 f.). Ende 2005 wurde das Radikalisierungsparadigma endgültig zum „heiligen Gral“ der Terrorismusbekämpfung (Coolsaet 2016, S. 20).

Kulturpsychologische Prädisposition und religiöse Attribution

Bereits drei Jahre nach dem 11. September vermutete Laqueur (2004) im Zusammenhang mit den Madrider Zuganschlägen eine „kulturpsychologische Prädisposition“ der Muslime, die vor dem Hintergrund der Indoktrination und psychologischen Motive zu Terrorismus führen könne. Die Pointe des Statements lautete: Weder ökonomische noch politische Analysen würden zum Verständnis dieses „politisch-intellektuellen (sic) Minenfeldes“ beitragen können. Denn weder politische noch ökonomische Interessen motivierten die Terroristen, sondern die mit krankhaftem Fanatismus gemischten Aggressionen. Mit „Indoktrination" und „Fanatismus" waren jene Überzeugungssysteme angesprochen, die gemeinhin als „fundamentalistisch" bzw. „religiös-extremistisch" bezeichnet werden. Somit war die neue Prämisse der *Radikalisierungs- als Ursachenforschung* wie folgt formuliert: Wenn es gelingen werde, radikale (religiöse) Überzeugungen zu identifizieren, die Muslime mit Terroristen teilen, so wären die terrorismusrelevanten Radikalisierungsfaktoren erkannt (Kudnani 2012, S. 5; Sedgwick 2010, S. 481). Wegen dieses Attributionsfehlers landeten im Übrigen zahlreiche verbalradikale Muslime in den USA hinter Gittern, indem sie Provokationen bzw. verdeckten Operationen der Sicherheitsbehörden aufgesessen waren.

Radikalisierungsfließband als konzeptuelle Denkmetapher
Diese Annahme und die auf ihr aufbauenden Theorien lassen sich als Kausalitätskonzeptionen bezeichnen, die einen Zusammenhang zwischen den radikalen religiösen Überzeugungen und dem Terrorismus postulieren (Githens-Mazer 2012, S. 558). Zwar zählen einige soziale und politische Erklärungsansätze[2] ebenfalls zu dieser Theorienfamilie, doch der – mehr oder weniger – radikale Islam stand lange Zeit im Mittelpunkt der Ursachenforschungen. Später wurden die so verstandenen religiösen Überzeugungssysteme mit den radikalen, genauer: fundamentalistischen, Islamauslegungen – Salafismus bzw. Salafi-Script – gleichgesetzt. So entstand das *ideologisch-theologische Paradigma* der Radikalisierungsforschung, das durch einen auf Verhaltensauffälligkeiten und deren Voraussetzungen gerichteten psychologischen Ansatz ergänzt wurde (Kundnani 2012, S. 9 f.; Mythen et al. 2016, S. 5 ff.). Eine der Prädispositionskonzeptionen legte ein besonderes Augenmerk auf die Rolle der „Hassprediger" und des Internets, indem sie die Indoktrination und die Suggestion als Radikalisierungsfaktoren ausmachte, ohne jedoch die spezifischen Mechanismen solcher Einflüsse auf die passiven „Radikalisierungshomunculi" benennen zu können (Sageman 2017, S. 96 f.). Gewissermaßen erinnert die Formel „fast jeder Terrorist ist ein Salafist" an das simplizistische „Fließbandmodell" der Radikalisierung, welches impliziert, dass jeder (zwar nicht jeder, aber de facto irgendwie jeder), der auf der radikalen Seite steht, auch auf der terroristischen Seite ankommen wird. Empirische Studien, die das Gegenteil nahelegen bzw. die Hypothese infrage stellen, werden nach wie vor häufig ignoriert (Della Porta 2013; Bakker 2011; Bokhari 2006; Heerlein 2014; Sageman 2004, 2008; Roy 2017).

[2]Vgl. hierzu die Übersicht relevanter Theorien von Crossett und Spitaletta (2010).

Die Konstruktion der Radikalität als probabilistische Aussage

Zu welchen Verklärungen es infolge der fehlgeleiteten „Salafisierung" des islamistischen Terrorismus kommen kann, zeigte der Anschlag auf den Berliner Weihnachtsmarkt an der Gedächtniskirche. Die sicherheitsbehördlichen Islamwissenschaftler und Ermittler verkannten und übersahen Amris Planung „*religiös* motivierter Gewalttaten", weil sein „*religiöses* Verhalten" während des Fastenmonats Ramadan wieder stärker in den Hintergrund getreten sei und weil er das wichtige Morgengebet und die rituelle Schlachtung zum „religiös wichtigen Opferfest" Mitte September ausgelassen habe. „Insbesondere Moscheebesuche" seien kaum noch, dafür aber die stärkere Einbindung in die Drogenszene bis hin zum eigenen Konsum harter Drogen feststellbar gewesen. In einer Beurteilung hieß es: „Einerseits islamistisches Gedankengut, andererseits Gespräche über mögliche kriminelle Aktivitäten wie Diebstahl und Betrugshandlungen". Erinnerlich waren auch einige französische Dschihadisten wie bspw. Amedy Coulibaly Drogendealer und Kriminelle. Überdies werden kriminelle Handlungen wie der Diebstahl und Betrug im Land der „Ungläubigen" von Dschihadisten ausdrücklich begrüßt. Was Amri darüber hinaus auf der Verhaltensebene an den Tag legte – „aggressives Verhalten und Drohgebärden gegenüber anderen Häftlingen christlicher Religion" – hätte eher alarmierend wirken müssen. Der Zusammenhang zwischen Salafismus und Terrorismus erscheint vor dem Hintergrund zahlreicher Anschläge in Europa nicht mehr so offensichtlich, wie er sich im versicherheitlichten Radikalisierungsparadigma und in den sicherheitsbehördlichen Narrativen gestalten mag.

Khosrokhavar (2016, S. 153 ff.) beobachtete demgegenüber das Zustandekommen eines neuen Typus des Radikalisierten, der in Europa auf den Plan getreten ist: Während die frühen Dschihadisten bzw. Radikalisierten ein „extravertiertes" Verhalten an den Tag legten, das dem der religiösen Fundamentalisten ähnelte und sich an den Fundamentalisten *orientierte,* sind die neuen Radikalisierten eher „introvertiert" und konspirativ.

Lineare Modellierung der Radikalisierung

Die Modelle wie das „Fließbandmodell", unterschiedlich geartete „Pyramidenmodelle" – bspw. Opinion radicalization pyramid und Action radicalization pyramid –, „Trichtermodelle" und Modelle transformativer Radikalisierung bilden Radikalisierungen als mehr oder weniger lineare Veränderungsprozesse emotionaler, kognitiver und/oder konativer Art ab (McCauley und Moskalenko 2014a; Wiktorowicz 2005). Zu einer weiteren Theorienfamilie zählen Erklärungsansätze, die keinen kausalen Zusammenhang zwischen Radikalisierung und Gewalt sehen bzw. auf unterschiedliche Radikalisierungsformen – gewalttätig und gewaltabstinent – verweisen (Bartlett et al. 2010; Githens-Mazer 2012, S. 558; Sageman 2017, S. 90).

Laut Khosrokhavar (2016, S. 44) ist demgegenüber die Verknüpfung einer radikalen Ideologie mit der Bereitschaft, sie in die Tat umzusetzen, für die Radikalisierung kennzeichnend. Es handelt sich demzufolge um eine zweifache Radikalität – ideologische (Extremismus) und konative (die extremistische Gewalt). Die beiden letzten Betrachtungsperspektiven scheinen eher vor den pauschalen sicherheitsrelevanten Radikalisierungsunterstellungen gefeit zu sein. Der französische Soziologe betonte darüber hinaus die Notwendigkeit, zwischen zwei Typen der gewalttätigen Radikalisierung zu unterscheiden: *ad extra* und *ad intra.* Während im ersten Fall der Dschihadist in ein anderes Land ausreist, um dort in den „Heiligen Krieg" zu ziehen, richtet sich der zweite Gewalttypus gegen das Heimatland. Die jeweiligen Motive und Hintergründe der Radikalisierung sollen dabei spezifisch sein (ebd., S. 168 f.).

Performativer Sicherheitsdiskurs als Erkenntnishindernis?
Das zweite, strukturelle Problem der Radikalisierungsforschung besteht in der Vermengung der sicherheitspolitischen und erkenntnistheoretischen Diskurse (Della Porta 2013, S. 12 f.; Schmid 2013). Wenn das Sicherheitsinteresse im Vordergrund der Auseinandersetzung mit einem Phänomen steht, ist die Gefahr der Versicherheitlichung dieses Phänomens groß. Der Salafismus bzw. der fundamentalistische Islam wurde über die „Transmissionsriemen" der Radikalisierung und des Terrorismus zum Sicherheitsrisiko erklärt (Richards 2015; Sohn 2017). Politiker und Medien hatten den Terminus „Radikalisierung" schnell als deskriptiven Begriff zur Erklärung dessen übernommen, warum und wie Muslime zu Terroristen werden (Githens-Mazer 2012, S. 557).[3] Daher war der Begriff des Radikalismus via Terrorismus ebenfalls sicherheitspolitisch negativ konnotiert. Radikal zu sein, heißt in diesem Paradigma, terroristische Ziele zu teilen sowie bestimmte Formen der Gewalt zu befürworten und zu unterstützen (vgl. den Begriff des radikalen Milieus von Malthaner und Waldmann 2012, S. 11).

Das fundamentalistische Denken im Islam dreht sich nach Peters (1987, S. 220–221) um zwei Begriffspaare – *sunna* (die normsetzende Prophetentradition) vs. *bid'a*

[3]„The discourses of and around the term radicalization have exacerbated our current mediatized environment of 'hypersecurity'. […] For security policymakers and journalists alike, 'radicalization' can anchor a news agenda, offering a cast of radicalizers and the vulnerable radicalized, and legitimating a policy response to such danger. Its attractiveness is enhanced because of its 'fantasy-like character' […] and association with that major intangible of 'the internet'. With such a lack of specifics or evidence about radicalization, it is easy to garner anxiety and fear around it" (Hoskins und O'Loughlin 2009, S. 107 f.).

(ungerechtfertigte Neuerung) und *tauhid* (Monotheismus) vs. *shirk* (Vielgötterei) –, welche in zwei konkreten Lehren ihren Ausdruck fanden: „Die eine verlangt das Recht auf *idjtihad* [...], um festzustellen, was die *sunna* ist. [...] Die zweite Lehre besteht in der Ablehnung der Heiligenverehrung und dem Verbot aller Kulte, die damit zusammenhängen." Zugleich seien die meisten Elemente der fundamentalistischen Lehre(n) – strenger Monotheismus, Gleichheitsidee sowie Puritanismus – zur zentralen Überlieferung des Islam gehörig, weshalb nicht so sehr die Lehre an sich, sondern die „Einstellung" (genauer: normative Orientierung) als ausschlaggebend erscheine. „Fundamentalistische Bewegungen sind [...] typischerweise missionarisch, getragen von der Berufung, sich auszubreiten und ihren Auftrag auszuführen. [...] Je nach der Radikalität der verschiedenen Bewegungen wird dieser Aktivismus entweder mit den Worten des Koran ‚Ihr gebietet, was recht ist, verbietet, was verwerflich ist, und glaubt an Gott' [...] oder als ‚heiliger Krieg' bezeichnet" (ebd., S. 224).

Über den Radikalisierungsbegriff fand in der Terrorismusforschung eine Verzahnung des religiösen Fundamentalismus bzw. Radikalismus mit politischer Gewalt statt. Anders als im oben zitierten Abschnitt („je nach der Radikalität der verschiedenen Bewegungen") wird eine prinzipielle (Familien-)Ähnlichkeit der fundamentalistischen Radikalismen vorausgesetzt. Demnach bedürfe es lediglich einer Steigerung der Radikalität, um Terrorismus zu verursachen, obwohl Gewalt bekanntlich nur ein Modus Operandi radikaler Subgruppen darstellt und in der Regel aus komplexen Interaktionen zwischen der Innen- und Außenwelt resultiert. „Weder kann man Kulte, Fundamentalismus, Terrorismus zu den Hauptschuldigen erklären noch politische Unterdrückung oder Entrechtung. Weder ist allein eine religiöse Gemeinschaft noch ein sozialer Konflikt der Verursacher von Gewalt. Gewaltanwendungen gehen aus den Wechselwirkungen zwischen beiden Seiten hervor. Erst wenn diese Diagnose gestellt ist, kann man über die geeigneten Therapien nachdenken", so fasste Kippenberg (2008, S. 198) seine Forschungsergebnisse zusammen.

Radikalismus als analytische Kategorie

Radikalisierung kann je nach Blickwinkel und Analyseschwerpunkt unterschiedlich definiert werden (Schmid 2013, S. 17 f.) – bspw. als Prozess, in dem „die Abgrenzung zwischen Gruppen zunehmend verschärft und mit feindseligen Gefühlen aufgeladen wird" (soziologische Definitionsansätze, vgl. Eckert 2012, S. 10) respektive „durch den Personen oder Gruppen zu Extremisten werden" („selbstreferenzielle" Definitionsansätze, vgl. Neumann 2013a, S. 3), oder als Rechtfertigung der Gewaltanwendung und Opferbereitschaft zur Verteidigung der Eigengruppe respektive als „erhöhte Bereitschaft, sich an politischen Konflikten zu beteiligen" (konflikttheoretische Definitionsansätze, vgl. McCauley und Moskalenko 2008,

S. 416). Wissenschaftler, die soziale Dynamiken in den Vordergrund rücken, heben auf politische und soziale Prozesse sowie Gewaltdynamiken als radikalisierungsfördernde Mechanismen ab (interaktionistische Definitionsansätze, vgl. Malthaner und Waldmann 2012; Della Porta 2013). Bosi et al. (2014) zufolge werden Radikalisierungsprozesse durch Strategien, Strukturen und Umstände geformt, die zum Einsatz von Gewaltmitteln für politische Zwecke führen. Eckert (2012, S. 264) wies überdies darauf hin, dass Gewalterfahrungen „wirken": „[…] die Erfahrung, die Berichte und die Imagination solcher Erfahrungen ist ein zentrales Element sowohl persönlicher Biografien als auch politischer Prozesse", weshalb „Gewalt auch als unabhängige Variable behandelt werden muss, wenn Bedingungen von Persistenz und Radikalisierung erklärt werden sollen".[4]

Nach Cross (2012) kennzeichnet der Terminus des Radikalismus dreierlei:

1. eine hochriskante oder extremistische *Praxis* der Bewegungsakteure,
2. einen *Prozess* der Radikalisierung von Bewegungsaktivisten und
3. eine *Identität* der radikalisierten oder noch nicht radikalisierten Akteure.

In der deutschen Radikalisierungsforschung werden alle drei Ebenen unter dem Begriff der „Radikalisierung" subsumiert und in einen kausalen Zusammenhang mit den ausgemachten „radikalen Milieus" gebracht. Hinsichtlich der praktischen Dimension des Radikalismus gilt es allerdings, die Dynamiken zwischen dem Mainstream und seinen radikalen Flanken zu berücksichtigen. Denn Gewaltnetzwerke sind gewaltorientierte Subkulturen innerhalb der radikalen Bewegungen und zugleich Gegenkulturen in Bezug auf die Werte der Mehrheitsgesellschaft (Lohlker 2016; Perliger und Pedahzur 2012). Noch komplizierter wird es, wenn man der Diagnose von Altier et al. (2014, S. 647 f.), der zufolge nicht alle Terroristen radikal seien, zustimmt.

Radikalismus als Gefahr?

Radikalismus ist dabei nicht gleich Radikalismus.[5] Snow und Cross (2011, S. 123) setzten in einer Vier-Felder-Matrix zwei Faktoren – das Vertrauen seitens der radikalen Peergruppen und die wahrgenommene Verfolgung des Protests – in

[4]Monaghan und Molnar (2016) unterscheiden drei idealtypische Ansätze der Radikalisierungsforschung: den kognitiven Ansatz, der auf kulturpsychologische Prädispositionen abhebt (vgl. oben), den behavioristischen Ansatz, welcher Interaktionen in den sozialen Netzwerken betonen soll, und schließlich die „narrative Schule", deren Ursprung sie in der sozialen Bewegungsforschung und die Spezifik in einem holistischen Forschungsansatz sehen.

[5]„Different political, cultural and historical contexts […] produce different notions of ‚radicalism'" (Neumann 2013b, S. 876).

Bezug zueinander, um zwischen verschiedenen Typen von Radikalen unterscheiden zu können:

1. Koordinierte,
2. Opportunisten,
3. Militante und
4. Einzeltäter.

Della Porta (2013, S. 7) entwickelte eine Gewalttypologie, indem sie zwei Variablen – die Gewaltintensität und die Organisationsform der Akteure – zusammenführte. Dies ergab vier Idealtypen der Gewalt:

1. die unspezifische bzw. nicht spezialisierte Gewalt auf dem niedrigen Organisationsniveau,
2. die semi-militärische Gewalt besser organisierter Akteure auf der niedrigen Intensitätsstufe,
3. die autonome Gewalt schwach organisierter Gruppen mit hohem Gewaltniveau und
4. die klandestine Gewalt der im Untergrund organisierten Gruppen mit dem Ziel, die radikalsten Gewaltformen einzusetzen.

Freeman (1975) und Haines (1988) zufolge können die radikalen Flanken positive oder negative Effekte auslösen, indem sie die Moderaten entweder im günstigen Licht erscheinen lassen oder sie unter Druck setzen, mehr Aktionismus an den Tag zu legen. Im ersten Fall stärken die Existenz radikaler Gruppen und ihre Aktivitäten die (Verhandlungs-)Position der Moderaten. Im zweiten Fall schwindet die Gesprächs- und/oder Unterstützungsbereitschaft für die moderaten Flügel, weil die Radikalen deren Ziele und Methoden diskreditieren. Mit Blick auf den Salafismus und den Terrorismus besteht der negative Effekt radikaler Flanken in der Gleichsetzung der Ziele und Orientierungen von Radikalen und Moderaten (Wiedl 2012). Diese Kontextualisierung – die Politisierung und die „Polizeiisierung" – des Phänomens hat wiederum weitreichende soziale und sicherheitspolitische Konsequenzen.

Ko-Radikalisierung als Evidenz?

Mit der versicherheitlichten Sicht gehen zahlreiche nicht intendierte, zuweilen radikalisierungsfördernde Nebenwirkungen der anfänglichen Über- und inkonsistenten Reaktionen auf das jeweilige Phänomen einher (Ko-Radikalisierung). Vor allem dann, wenn die eigentliche Radikalisierungsforschung im analytisch-nomologischen Sinn ausbleibt und durch das Alltagswissen und/oder simplizistische

Theorien sowie lineare Modelle ersetzt wird. Dann lässt man alle empirischen Skrupel hinter sich – und die großen Verallgemeinerungen bzw. Radikalisierungsnarrative beginnen. So gesehen erweist sich die Kategorie der Radikalisierung als Bestandteil eines Alltagsmythos, der laut Roland Barthes ein vermeintliches Ähnlichkeitsverhältnis eines konstruierten Objektes mit dem zu untersuchenden Phänomen in Form einer So-Sein-Relation herstellt. Das Bedeutende, das Bedeutete und das Zeichen werden in diesem sekundären System entsprechend der immanenten epistemischen Logik neu zugeordnet. Hierbei wird unterschlagen, „dass eine Aussage und das in ihr enthaltene Objekt etwas sozial Gemachtes sind, und er unterschlägt auch die unterschwellige Zielsetzung gerade dieser sozialen Konstruktion von Wirklichkeit" (Hess 1988, S. 58). Zugleich bleibt größtenteils unreflektiert, dass der Beobachter kein Entdecker der sozialen Realität, sondern ihr „Erfinder" ist. Denn vor allem die Vermutung eines nicht direkt beobachtbaren Objekts (sagen wir, eines imaginierten bzw. konstruierten terrorismusrelevanten Radikalisierungs-„Neutrinos") macht es möglich, entsprechende Indikatoren und Messinstrumente zu entwickeln (Monaghan und Molnar 2016).

Da die Sicherheitspolitik primär Interesse an Korrelationen zwischen den vermuteten Radikalisierungsfaktoren und dem islamistischen Terrorismus bzw. Dschihadismus zeigt, ohne jedoch die Frage aufzuwerfen, ob jene den Terrorismus verursachen, bleiben die eigentlichen Terrorismusursachen in vielerlei Hinsicht im analytischen Dunkelfeld. Die offensichtlichen iatrogenen bzw. „Backfire"-Mechanismen der einseitigen Risikozuschreibung werden im Radikalisierungsparadigma kaum reflektiert.

„Stop being brainwashed by this notion of ‚radicalisation'"

Forschungen können wie jeder Lernprozess zu der Erkenntnis führen, dass die Ausgangshypothese falsch bzw. korrekturbedürftig ist. Während in Deutschland der Radikalisierungsdiskurs nach wie vor unumstritten erscheint, sprachen sich mindestens zwei führende angelsächsische Experten für einen Paradigmenwechsel aus. John Horgan kritisierte die Vorstellung von „Radikalisierungsinkubatoren" (etwa Moscheen) und die in vielen Fällen vermutete Linearität der Radikalisierungsprozesse. Womöglich den größten Mythos der Terrorismusforschung nannte er die Idee, dass Radikalisierung Terrorismus verursache („Everything you've been told about Radicalization is wrong"). Seiner Überzeugung nach gibt es eine Reihe von Motivlagen – „größere soziale, politische und religiöse Motive" wie auch ganze Bündel von „kleineren Motiven und Gründen", die zu Terrorismus führen, über welche die Terroristen jedoch weniger reden. Radikale Ideen und Protest seien dabei nicht zwingend ausschlaggebend. Die lineare Logik des Radikalisierungsparadigmas diente vielfach als Blaupause für die Kriminalprävention, die in vielen Fällen auf unbegründeten Verdächtigungen fußte und Gesellschaften stark beeinflusste. „I think it's time to end our preoccupation with radicalization. Radicalization is not the issue. Terrorism is", so Horgan (Knefel 2013). „I propose that it is time to end our preoccupation with radicalization so that we can effectively regain a focus on terrorist behavior. Radicalization is, I believe, a deeply flawed, conceptually misleading and problematic paradigm both for understanding the development of the terrorist, as well as developing counterterrorism policies" (Horgan 2012). Eine der größten Schwächen der Radikalisierungsforschung besteht demnach in der falschen Prioritätensetzung und daraus resultierend in der Unfähigkeit der zuständigen Akteure, terrorismusrelevante Entwicklungen zu reflektieren. Je schwerer es den Sicherheitsexperten fiel, terroristische Netzwerke ausfindig zu machen, desto stärker war die Betonung der leicht erkennbaren, aber unspezifischen Radikalisierung als „Proxy für die Terrorismusbekämpfung", so Horgans Argument.

„There is no such thing"

Der zweite im Bunde ist der Doyen der Terrorismusforschung Marc Sageman. Einerseits hält er die Vorstellung von Radikalisierung im Sinne der Indoktrination für einen Fehler. Die Entwicklung radikaler Ideen beginne mit einer emotionalen Diskussion unter Freunden. Die sogenannten Hassprediger[6] oder Moscheen seien dabei im Hinblick auf Terroranschläge irrelevant, so der ehemalige CIA-Experte. Moscheegemeinden sind demnach falsche Ansprechpartner gegen den Terrorismus. Die „Kids" würden die moderaten Muslime mehr hassen als es die English Defence League tue. Ähnlich argumentierte Sheikh (2016). Im Kontext der deutschen Debatte über (salafistische) Moscheen als „Brutstätten der Radikalisierung" sei in diesem Zusammenhang daran erinnert, dass Moscheen vor allem als „Träger" der Freundschaftsbeziehungen und damit zusammenhängend der gemeinsamen Radikalisierung in Freundschaftscliquen eine Rolle spielen (Heerlein 2014, S. 175). Doch auch private Wohnungen, Schulhöfe und Grillplätze eignen sich als „Brutstätten der Radikalisierung" für Cliquen und Freundeskreise.

Andererseits ist nach Sageman auch der Grundgedanke der Radikalisierungsforschung falsch. Denn jene Personen, die infolge ihrer Enttäuschungen dem (radikalen) Protest abschwören, lehnen die Protestbewegung(en) und ihre

[6]„They are in the business of propaganda and showing that they are important. And the government is giving them a platform to show how important they are – even though they're not really involved [in terror plots]" (vgl. Hasan 2013).

Anführer ab.[7] Sie seien in ihren Augen Clowns, die nur reden und nichts tun würden. „We need a much more complex and subtle view of why, at the extremes, some people turn violent within any kind of political protest movement" – eine erstaunliche Bemerkung nach über 10 Jahren Radikalisierungsforschung (Hasan 2013).

Auszüge aus einem Chatprotokoll einer sich in Deutschland radikalisierten terroristischen Gruppe scheint diese Beobachtung zu bestätigen. So galten den Jugendlichen die salafistischen Prediger wie Ahmad Abul Baraa, Abou Nagie und Pierre Vogel, die in den Massenmedien als „Hassprediger" tituliert werden, als nicht radikal genug: „Pierre Vogel ist ein Kafir und sieht Herrscher wie Erdogan als Muslime", „Wenn ich Abou Nagi sehe sag ich, dass der Kafir ist". Zugleich waren die Gruppenmitglieder überzeugt, dass die Moscheen nicht sicher seien und man „keine[r] Moschee hier trauen" kann. „Lass mal eigene Moschee eröffnen", lautete daraufhin der Lösungsvorschlag (Kiefer et al. 2017, S. 37).

Kontrafaktisch nannte Heath-Kelly (2013, S. 399, 407 f.) den Radikalisierungsdiskurs angesichts der Unausgewogenheit des Radikalisierungsbegriffes, seiner mannigfachen Kategorisierungen und Operationalisierungen in verschiedenen Theorien und der Tatsache, dass die Radikalisierungsforschung es nicht vermochte, prospektiv aufzuzeigen, unter welchen Umständen die gefährdeten Personen gefährlich werden. Sedgwick (2010, S. 485 ff.) identifizierte darüber hinaus vier diskursive Rahmen – sicherheitspolitischen, integrationspolitischen, außenpolitischen und innerislamischen Kontext –, in denen das Radikalisierungskonzept mit unterschiedlichen Agenden verbundenen wird und infolgedessen als Quelle der Verwirrung und der Interpretationskonflikte fungiert. Auch Githens-Mazer (2012, S. 558 ff.) wies auf die Notwendigkeit hin, die Radikalisierungsforschung neu zu justieren. Zwei Voraussetzungen sollten im Radikalisierungsparadigma 2.0 erfüllt werden. Zum einen sei eine ordentliche Konzeptualisierung des Phänomens notwendig. Denn etwa 58 % der von ihm analysierten Untersuchungen mit einer eigenen empirischen Basis definierten nicht einmal die Radikalisierungskategorie. Die Hälfte der Studien, welche neue empirische Daten auswerteten und eine Kategorisierung vornahmen, verstanden Radikalisierung im Sinne der Kausalitätsmodelle. Zum anderen plädierte der

[7] „First, you join this political protest, discursive community. These are the guys who feel they're not being listened to. That protest [achieves] nothing and they then decide to escalate; there is a process of escalation. Sometimes, they have a feeling of moral outrage about something that's happening and they'd like to do something about it. They [then] reject the political protest community" (ebd.).

Wissenschaftler für eine neue Methodologie und klare Kriterien für die Fallauswahl, die der Heterogenität des Phänomens Rechnung tragen. „The priority [...] is to study what's happening on the ground, as opposed to just giving out soundbites; stop being brainwashed by this notion of ‚radicalisation'. There is no such thing. Some people when they're young acquire extreme views; many of them just grow out of them. Do not overreact – you'll just create worse problems", so Sageman (Hasan 2013).

„Auffällige Verschiebungen" der vermuteten Radikalisierungsfaktoren?
Interessant ist in diesem Zusammenhang eine sicherheitsbehördliche Beobachtung, derzufolge es unter den „Top 3-Nennungen" der Radikalisierungsfaktoren „auffällige Verschiebungen" gab (BKA/BfV 2016, S. 21 ff.). So ging erstens die Relevanz von Kontakten in „(einschlägige) Moscheen" kontinuierlich zurück und traf nur auf etwa ein Drittel der Personen zu, die sich ab Juli 2014 radikalisiert haben sollen. Zwischen 2012 und 2014 war es etwa die Hälfte. Zweitens nahm die Bedeutung von Islam-Seminaren und Koran-Verteilaktionen zu. Drittens spielte das Internet für diese Gruppe lediglich bei einem Drittel eine Rolle zu Beginn der Radikalisierung. 2013/2014 waren es über 50 %.

Zwei Erklärungen dieser in der Tat auffälligen Veränderungen – eine endogene, „phänomenologische", und eine exogene, „methodologische", Interpretation – sind möglich. Im ersten Fall spielten womöglich interne Milieudynamiken infolge der Exekutivmaßnahmen oder Schließungen „einschlägiger (?) Moscheen", die die salafistischen Freundschaftscliquen auf die Straßen drängten, eine Rolle. Im zweiten Fall konnten die Verschiebungen mit einer dem Ernst der Lage geschuldeten Verbesserung der Datenqualität zusammenhängen, die zur Falsifizierung der früheren weit verbreiteten Thesen über Moscheen als Radikalisierungsinkubatoren und die „Selbstradikalisierung im Internet" führte.

Im Hinblick auf die radikalisierenden Einflüsse von Islam-Seminaren und Koran-Verteilaktionen blieben die Analytiker die Antwort schuldig, wie sie denn genau geartet waren. Eine Feststellung, dass Personen bei kollektiven Aktionen auftreten und im Anschluss nach Syrien ausreisen, reicht nicht aus, um eine radikalisierende Wirkung nachzuweisen. Bis zum Herbst 2013 nahmen auch die dschihadistischen Salafisten („Schreibtisch-Mudschaheddin") aktiv an der Aktion teil. Die Koran-Verteilaktionen erfolgten auch später auf freiwilliger Basis, und es machten Mitglieder des ganzen Spektrums mehr oder weniger mit. Daher ist die Betonung einer Radikalisierung im scheinbaren Zusammenhang mit der Verteilung von Koranen etwas vage. Somit sind die vorliegenden Angaben zu den vermuteten Einflussfaktoren auf Radikalisierungsprozesse und zur mutmaßlichen zeitlichen Dynamik des Radikalisierungsgeschehens nach wie vor mit recht großer Unschärfe behaftet.

3 Salafismus als dschihadistischer Nährboden?

Viele wissenschaftliche und sicherheitsbehördliche Experten gehen von einem nach wie vor kaum belegten Nexus zwischen dem Salafismus und dem islamistischen Terrorismus aus, weshalb die sich selbst auf dem Weg der „frommen Vorfahren“ wähnenden Milieuangehörigen als gefährlich und ihre Weltbilder als „geistiger Nährboden des Terrorismus“ gelten. Demgegenüber ließe sich folgende These aufstellen: Zwar verbindet die Phänomene des Salafismus und des Dschihadismus bzw. dschihadistischen Terrorismus eine gemeinsame „historische Matrix“ – ein ur-islamisches Gemeinde-Paradigma als Appellationsinstanz – sowie ein ähnliches Verständnis des normativen Islam. Unterschiedlich sind hingegen die Zweckrationalität und Logik der handlungslegitimierenden Frame-Skript-Selektionen, die die beiden Strömungen aufweisen. Eine der zentralen Aufgaben der Radikalisierungsforschung bestünde demnach darin, deren Wirkungen nachzuvollziehen.

Das Verhältnis zwischen islamischem Fundamentalismus und Dschihadismus
Einer Analyse der terroristischen Sauerland-Gruppe und ihres salafistischen Umfeldes zufolge separierte bereits die Frage nach konkreter Gewaltanwendung in „besetzten Gebieten“ die Dschihadisten von ihrem salafistischen Umfeld. Noch größer wurden die ideologischen Differenzen, wenn es sich um die Anschläge in Europa handelte (Malthaner und Hummel 2012). Ein ähnliches Bild ergaben spätere Interaktionen zwischen den Mainstream- und Dschihad-Salafisten. So wandten sich die Gemäßigten von Denis Cuspert und Mohamed Mahmoud wegen ihrer radikalen Auftritte und Texte größtenteils ab, was zur weiteren Radikalisierung der „Schreibtisch-Dschihadisten“ führte (Said 2014, S. 130). Cuspert bezeichnete seine Kritiker als „Angsthasenprediger“, die aus Furcht vor staatlicher Verfolgung die „Wahrheit“ über die Dschihadpflicht eines jeden Muslims verschweigen würden. Diese Aussage fand sich als Zitat in der 10. Ausgabe der Al-Qaida-Zeitschrift „Inspire“ im Frühjahr 2013.

M. Logvinov, *Das Radikalisierungsparadigma*, essentials,
https://doi.org/10.1007/978-3-658-20716-8_3

Roy (2006, S. 251) betonte schon vor mehr als zehn Jahren diesen Unterschied zwischen den Mainstream-Neofundamentalisten und den radikalen Gewaltakteuren: Im Gegensatz zu Dschihad-Salafisten oder Dschihadisten, die den (defensiven) Dschihad für eine ständige und persönliche Pflicht erklären oder gar einen offensiven Dschihad legitimieren, halten die salafistischen Mainstream-Gelehrten den Dschihad primär für eine kollektive (Verteidigungs-)Pflicht. Wahhabitische und salafistische Mainstream-Prediger sowie weitere neo-fundamentalistische Gruppierungen „stimmen darin überein, dass gegenwärtig der Dschihad, wenn überhaupt, dann nur als Verteidigungsmaßnahme zur Debatte stehe" (ebd.). Da einige Formationen wie „Tablighi Jama'at" und „Hizb ut-Tahrir" den Dschihad aus taktischen Gründen ablehnen und stattdessen auf Maßnahmen zur Ausbreitung des Islam setzen, hielt der Wissenschaftler die Befürwortung von Gewalt für eine rein politische Entscheidung, die nichts mit den Grundlehren des Neofundamentalismus zu tun habe. Eine „Theologie der Gewalt" gibt es laut Roy nicht. Vielmehr wird das Politikum erst in religiöse Terminologie umgeformt, nachdem die Entscheidung, tödliche Gewalt anzuwenden, gefallen sei. Später präzisierte der Experte seine Meinung insofern, als er eine – themen- und verhaltensbezogene – „gemeinsame Matrix zwischen dem IS-Islam und dem Salafismus" feststellte. Zugleich betonte Roy die Existenz wesentlicher, nicht nur dschihadrelevanter Unterschiede (Roy 2017, S. 58).

Lohlker (2016) spricht demgegenüber im Hinblick auf den IS-Dschihadismus von einer „Theologie der Gewalt". Dabei versteht der Wiener Islamwissenschaftler die Theologie der Dschihadisten als eine spezifische Art der Rede und des Denkens über das Verhältnis der Menschen zu Gott und analysiert diese im Sinne eines semantischen Paradigmas des Islam. Da im Dschihadismus einige Gewaltformen umstritten sind, kommt einer solchen Gewalttheologie bekanntlich ein hoher Stellenwert zu. Die Gewaltlegitimation unterscheidet sich überdies mit Blick auf das Bekämpfungsobjekt: Scheint beim defensiven Dschihad gegen Eindringlinge bzw. bei einem separatistischen Krieg gegen eine nicht islamische Zentralregierung ein Minimalkonsens zu bestehen, ist der argumentative Aufwand und der Widerstand gegen die revolutionäre Gewaltanwendung oder den offensiven Dschihad um einiges größer.

Wider den Mainstream: Salafismus als Bollwerk gegen gewalttätige Radikalisierung?

Khosrokhavar (2016) beobachtete einen neuen Typus des Radikalisierten, der in Europa auf den Plan getreten ist: Während die frühen Dschihadisten bzw. Radikalisierten ein „extravertiertes" Verhalten an den Tag legten, das sich an den religiösen Fundamentalisten orientierte und diesem somit ähnelte, verhalten sich die neuen Radikalisierten eher „introvertiert" und konspirativ. „Der Fundamentalismus zieht weiterhin Anhänger einer Radikalisierung an, die sich dann von den fundamentalistischen Netzwerken absetzen, da sie für ihren Geschmack nicht aktivistisch genug sind, und neue kriegerische Gruppen ins Leben rufen" (ebd., S. 158). Auch im Salafismus verbreite sich dieser konspirative Typus der neuen Radikalisierten. Leistet also der islamische Fundamentalismus dem Übergang zum radikalen Islam Vorschub? Ganz im Gegenteil, so Khosrokhavar: „[…] diese Glaubensweisen [stellen] in der überwältigenden Mehrheit der Fälle ein Bollwerk gegen die Radikalisierung dar. Aber das Problem kompliziert sich, wenn einige wenige […] zunächst dieser Organisation beitreten, um sie dann zu verlassen und sich selber zu radikalisieren oder sich sehr viel gewalttätigeren religiösen Gruppierungen anzuschließen" (ebd., S. 177). Roy (2017, S. 22) zufolge hat sich keiner der 140 analysierten europäischen Dschihadisten in einer fundamentalistischen religiösen Formation radikalisiert, sondern individuell oder in kleinen Peergruppen: „[…] the source of radicalization is not salafism, although its success rests on social and generational mechanisms that also work with radicals. Indeed, Salafism affects the same categories as jihadism […]. There is a common matrix, but not a causual relationship" – eine Behauptung, die Sageman (2004, 2008) bereits Mitte der 2000er Jahre aufstellte.

„Salafisierung" des Dschihadismus?

Es fällt auf, dass die frühen Dschihad-Ideologen wie bspw. Abdallah Azzam im Vergleich zu der jüngeren Generation viel mehr auf den „praktischen Tauhid" (tauhid amali), d. h. auf „die Bekräftigung des tauhid auf Erden mit dem Schwert", und den Dschihad als individuelle Pflicht abhoben. Azzam folgte noch der klassischen mittelalterlichen Dschihad-Konzeption und lehnte Terrorismus, das Töten von Nicht-Kombattanten und anderen Muslimen ab. Al-Qaida hat verstärkt angefangen, durch die Anrufung Gottes und seines Propheten eine spezielle Art der einigenden Spiritualität herzustellen. Bin Laden war es überdies zum ersten Mal gelungen, „aus den verschiedenen Konflikten in der arabischen Welt ein weltumgreifendes Narrativ zu spinnen – und sich selbst als globalen […] Anführer einer revolutionären Bewegung zu präsentieren" (Neumann 2016, S. 92).

Die IS(I)-Dschihadisten gingen einen Schritt weiter und entwickelten eine Gewalttheologie unter Vereinnahmung der „salafistischen" Grundkonzepte. Für einen IS-Propagandisten schien es selbstverständlich, dass es zweierlei bedarf, um die Umma zu vereinen (als ob dies der Sinn der „islamischen Wende (daula)" im Irak und Syrien war!): Erstens der Rückkehr zum Buch und zur Sunna sowie zweitens des Verständnisses der Quellen in der Art und Weise der frommen Altvorderen (Lohlker 2015, S. 83). Ferner nahm er Bezug auf die Altvorderen im

Hinblick auf die Notwendigkeit, loyal gegenüber dem IS-Kalifat zu sein. Dieses theologische Bemühen paradigmatischer Quellen des Islam ist instrumenteller Natur und dient der Legitimation der Herrschaftsansprüche. Die IS-Dschihadisten betonen ihren religiösen Führungsanspruch, indem sie den Status der von Gott, dem Propheten und den Salaf versprochenen Anführer für sich beanspruchen.[1]

Durch die Fokussierung auf die staatliche Bedeutungsdimension des „Daula“-Begriffes (ad-daula al-islāmīya) ist vielen Forschern seine zweite Bedeutung („Wende“) entgangen: Verstanden als Übertragung der göttlichen Legitimation auf den Kalifen, aber auch als millenaristische Zeitenwende, in der die islamischen Endkampffantasien Realität wurden. Wie bereits dem ersten muslimischen Kalifen war auch dem zweiten Abu Bakr aus Bagdad klar: In der religiösen Nachfolge tritt an die Stelle des Propheten der Koran als Gottes Wort und das Beispiel seines Gesandten, die Sunna. Im Gegensatz zum „unechten“ islamischen Staat der Wahhabiten stellt der Islamische Staat eine Verbindungslinie zum Propheten und seinen direkten Nachfolgern her. Ähnlich wie der erste Kalif fechtet Abu Bakr aus Bagdad Kriege gegen innerislamische „Abfallbewegungen“ aus und setzt dabei auf die so verstandene muslimische (Kriegs-)Elite.

Einen neuen Sinn ergibt in diesem Zusammenhang die Aussage des Dschihad-Ideologen Abū Muhammad al-Maqdisī, die akzeptierten salafistischen Scheichs hätten der dschihadistisch-salafistischen Strömung den Boden bereitet (Hummel und Logvinov 2014). Der „Bewusstwerdung der Jugend“ hat es unter anderem bedurft, damit die dschihadistische Agenda theologisch untermauert und von einem Diskursgerüst umhüllt werden konnte, das in seinem Fundament nur schwer zu erschüttern ist. Die Gewalttheologie des IS legt dafür Zeugnis ab: Die ehemaligen Saddam-Eliten und irakischen Dschihadisten der ersten Stunde haben es vermocht, den sunnitischen Kalifatstraum und das Vorbild der „frommen Altvorderen“ bzw. der „rechtgeleiteten Kalifen“ mithilfe eines salafisierten Narratives zu instrumentalisieren. Den Dschihadisten gelang es auch, die (salafistisch geprägte) muslimische Jugend Europas zu erreichen, denn der Salafismus hat es populär gemacht, den Koran zu lesen, aus ihm zu zitieren und den „frommen Altvorderen“ nachzueifern. Zugleich sollte berücksichtigt werden, dass der Bezug

[1] „Wie sollte es nicht so sein, sind sie doch diejenigen, über die die [frommen] Altvorderen (salaf) sagen: ‚Wenn es unter euch Fragen gibt, so fragt die Leute, die an den Grenzen wachen […], denn sie sind der Rechtleitung durch Gott sehr nahe und ihnen wird der Erfolg gewährt‘“, so die IS-Propaganda. Weiter wird der IS „mit Gottes rechtleitendem Licht gleichgesetzt und mit den Normen Gottes *(sunnat allāh)* identifiziert“ (Lohlker 2016, S. 135).

auf den Koran und das Goldene Zeitalter des Islam auch andere Wurzeln hat. Beispielsweise wird der Koran in den charidschitischen Interpretationsmodellen als für alle Muslime unverrückbarer Maßstab definiert. Während die Azraqiten ihr Heil in der Auswanderung aus der Gemeinschaft der Muslime suchten und jeden für ungläubig erklärten, der sich nicht zu ihnen bekannte oder seine Haltung verbarg, übten die Ibaditen Solidarität mit jenen, die im Geiste des Koran lebten. Sich loszusagen galt es von denen, die es nicht taten (Küng 2006, S. 287). Es überrascht vor diesem Hintergrund wenig, dass die Bezeichnung „Murdschiit“[2] unter den in der Tradition der Charidschiten[3] stehenden zeitgenössischen Dschihadisten als Schimpfwort gilt.

Traditionarier, Salafisten, Hanbaliten, Charidschiten – was nun?
In der Tat lassen sich zwischen den charidschitischen und dschihadistischen Interpretationsmustern mehr Ähnlichkeiten beobachten als zwischen der IS-Gewalttheologie und dem Salafismus. Brünnow (1884, S. 12) sah im „Charidschithenthume“ die ursprünglichste, rein semitische Form des Islam, die er mit der späteren wahhabistischen Lehre verglich. An dieser Stelle sei angemerkt, dass sich die Sammelbezeichnung „salafiyya“ – welche die Salaf zum Vorbild nehmen (auch „madhab al-salaf“), – vom Mittelalter bis ins späte 19. Jahrhundert auf die theologischen Traditionarier hanbalitischer Prägung („ashab al-hadith“) bezog (Lauzière 2010). Die ab dem 12. Jahrhundert eher isolierten Hanbaliten machten sich zur Aufgabe, die mutazilitische und asharitische Doktrin zurückzudrängen, wobei sie vor drastischen Gewalttätigkeiten nicht zurückschreckten. Der Einfluss der hanbalitischen Theologie in Syrien erreichte seinen Höhepunkt im 8. Jahrhundert mit Taki al-Din ibn Tejmiyya, der nun als (Proto-)Salafist im modernen Wortgebrauch apostrophiert wird (Goldziher 1847, S. 21).

Erst in den 1920er Jahren, nachdem sich die Bezeichnung „salafiyya“ zu einem erfolgreichen Label eines in Ägypten ansässigen Buchgeschäfts („Salafiyya press and Bookstore“) entwickelte, soll der Begriff des Salafismus als Bewegungsname (also „al-salafiyya“) im westlichen wissenschaftlichen Diskurs aufgekommen sein. Lauzière (2016, S. 22) spricht in diesem Zusammenhang von einer orientalistischen „sozialen Misskonstruktion“, die die muslimischen Ulama später aus dem europäischen Sprachgebrauch übernahmen. Denn die europäischen Islamwissenschaftler missverstanden, dass es sich bei dem Terminus „Salafi“ um einen theologischen Fachbegriff handelte.

[2]Zu Deutsch etwa: Wer sich kein Urteil über den Glauben der Muslime anmaßt.

[3]Zu Deutsch: Die aus der Mitte der Ungläubigen auf Gottes Weg Ausziehenden.

Interessanterweise nannte Goldzieher (2005, S. 231) die gemeinte modernistische Version des Islam „Kultur-Wahhabismus". Denn die „aufgeklärten Salafisten" Mohammed Abduh und Rashid Rida leiteten ihre Forderungen primär von theologischen Erwägungen ab und betonten zugleich den arabischen Grundcharakter des Islams. Es erscheint vor diesem Hintergrund wenig überraschend, dass zahlreiche Geschäftskontakte zwischen Saudi-Arabien und dem Salafiyya press and Bookstore bestanden. Die Druckerei belieferte die Saudis mit der hanbalitischen Literatur. Später entstand eine Dependance in Mekka, die sich auf hanbalitische und pro-wahhabitische Druckerzeugnisse spezialisierte – nach wie vor unter dem Salafiyya-Label. Vom islamwissenschaftlichen und konzepthistorischen Standpunkt erwies sich die Kategorie des Salafismus mehr oder minder als Fiktion bzw. Hirngespinst der wissenschaftlichen Imagination (Lauzière 2010, S. 385). Erst in den 1960/1970er Jahren wurde die salafistische Methode (manhadsch) im Gegensatz zur theologischen Doktrin (madhab) zum Gegenstand einer intensiven Reflexion durch Puristen (Lauzière 2016, S. 219).

Aber zurück zu den Charidschiten. Obwohl der Takfirismus als das salafistische Grundkonzept gilt, was nur unter Vorbehalt zutrifft, waren es vor allem die Charidschiten, die „zu fast allen Zeiten" bereit waren, „andersgläubige Muslime todtzuschlagen" (Brünnow 1884, S. 19). Zugleich hatten sie sich „in das Studium des Koran und der Geschichte der frühesten muslimischen Gemeinde so vertieft, dass sie schließlich unfähig wurden, die Gegenwart anders als nach dem Muster jener Zeit aufzufassen" (ebd., S. 26). Die Sekte der Azraqiten führte die charidschitischen Anschauungen, verbunden mit einer einschlägigen Koranauslegung, zu einem weiteren Extrem, indem sie den Grundsatz formulierte, dass alle Andersgläubigen ohne Ausnahme Ungläubige waren und dass man sie ausrotten müsse, wenn sie sich nicht sofort bekehrten. Die extremen Fanatiker unter den Charidschiten wurden als „Shurat", „die sich Verkaufenden", die Gemäßigteren als „Ka'ad", „die Stillsitzenden bzw. zu Hause Bleibenden" bezeichnet. Beide Namen sind dem Koran entnommen, wobei im ersten Fall vom Verkaufen der Person an Gott um den Preis des ewigen Lebens die Rede ist (ebd., S. 29). Im Mittelpunkt stand dabei der Kampf auf dem Wege Gottes. Es versteht sich von selbst, dass die Stillsitzenden für die sich Verkaufenden Ungläubige waren (vgl. unten zum IS).

Der Dschihadbegriff wurde im Koran mit einem komplexen System von Lehren und Praktiken der Kriegsführung verknüpft, wobei er sich an zehn von 41 Stellen eindeutig auf Kriege bezieht und in den meisten übrigen Fällen der Bezug unklar bleibt (Armstrong 2016, S. 256). Da die ersten Jahrhunderte des Islam überdies durch „Bürger-" und Eroberungskriege geprägt waren, konnten die „salafistischen" Dschihadisten an die frühislamischen Traditionen anknüpfen. Doch bedeutet dies zugleich, dass der Salafismus Gewalt verursacht, weil dschihadistische Gruppen ihre Narrative mit salafisierter Semantik versehen? Eher betreibt der IS eine Textarchäologie, „die sich auf teilweise vorhandene Diskurse stützt und Argumente für seine militärischen Aktivitäten liefert" (Lohlker 2016, S. 21).

„Salafistische Motivation" für Ausreisen?
Mit Blick auf die Motivation der ausländischen Kämpfer im IS-Gebiet unterschied Neumann (2015) drei Tätertypen:

- Verteidiger aus der ersten Generation (2012–2013), denen es um die Verteidigung der sunnitischen Bevölkerung ging.
- Sinnsucher als Vertreter einer dschihadistischen Gegenkultur, die ihr Bedürfnis nach Identität, Gemeinschaft, Macht und Männlichkeit befriedigen. Sie sind oft die sozial Schwachen und im Westen „Gedemütigten".
- Mitläufer, für die die Bindung an eine Gruppe im Vordergrund steht.

Erwähnenswert ist in diesem Zusammenhang der Begriff „Präradikalisierte" von Khosrokhavar (2016, S. 162). Die meisten jungen europäischen Ausreisenden, so der französische Soziologe, sind am Anfang ihrer „Dschihadkarriere" nicht im strengen Sinne des Begriffs radikalisiert. Eher liegt in ihrem Fall eine „verhängnisvolle Mischung" dreier Motivationen vor: „eine humanitäre Gesinnung" (der Kampf gegen das blutrünstige Assad-Regime), „ein überspannter Fundamentalismus" (der Kampf gegen das aggressive Schiitentum) und „eine Abenteuerromantik" (die Lust an der Gefahr und am Aufbruch in die Fremde). Insofern seien die islamischen (Prä-)Radikalisierten in den meisten Fällen mit den europäischen Revolutionären oder Republikanern vergleichbar, „die sich während des spanischen Bürgerkriegs von 1936 bis 1939 aufgemacht hatten, um an der Seite der antifrancistischen Kräfte zu kämpfen; oder mit den Linken der 1970er Jahre, von denen manche sich extremistischen Palästinensergruppen angeschlossen hatten. [...] Sie lassen eine Gewaltbereitschaft erkennen, die man ‚prädschihadistisch' nennen mag, aber sie sind weit davon entfernt, das gewalttätige Credo der Dschihadisten zu teilen, die nicht zögern, Unschuldige im Namen ihrer extremistischen religiösen Vorstellungen zu töten" (ebd., S. 156).

Armstrong (2014, S. 557) stellte ebenfalls fest, dass sich Säkulare und Religiöse auf ganz ähnliche Weise „begeistern". Die Beweggründe von europäischen Antifrancisten oder Juden, die nach Israel während des Sechstagekrieges aufbrachen, und „Mudschaheddin" seien demnach ähnlich. Am Rande sei angemerkt, dass sich mindestens 130 deutsche Linksextremisten 2016 den kurdischen Volksverteidigungseinheiten (YPG) angeschlossen haben, die als bewaffneter Arm der marxistisch-leninistischen PKK-Tochter in Syrien, der Partei der Demokratischen

Union (PYD), gelten. Insgesamt sollte deutlich geworden sein, dass Ausreisen junger Europäer weniger durch „den“ Salafismus motiviert sind.

Es sei in diesem Zusammenhang auf den Befund von BKA/BfV (2016, S. 33) verwiesen, der Dschihad in Syrien habe seit der Ausrufung des „Kalifats“ seine Anziehungskraft auf die deutschen salafistischen Szenen verloren. Die sicherheitsbehördlichen Daten legen nahe, dass es dem IS nicht gelang, größere Sympathisantengruppen unter den deutschen Salafisten zu mobilisieren. Im Kreis der nach Kalifatsgründung ausgereisten Dschihadisten seien Personen ohne expliziten salafistischen Szenekontakt überrepräsentiert, wobei jene aus dem engeren Szeneumfeld vor der Ausrufung des IS ausreisten (ebd., S. 46). Anscheinend war die Mobilisierungskraft des „Befreiungskampfes“ gegen das Assad-Regime und die „humanitäre Motivation“ stärker als jene der Radikalisierungsnarrative des IS.

Salafismus als dschihadistischer Durchlauferhitzer?

Es spricht also vieles dagegen, den Mainstream-Salafismus als Ursache des Dschihadismus zu (v)erklären. Der „Nährboden“ des Dschihadismus ist nicht der Salafismus, sondern zweierlei: die (religiös umgedeuteten) Kriege in Ländern mit muslimischer Bevölkerung und/oder der „Krieg gegen den Terrorismus“ als vermeintlicher „Krieg gegen den Islam“ sowie die islamischen Traditionen respektive Handlungsskripte, auf die die Dschihadisten im Rahmen ihrer mit Koranversen und Aussprüchen des Propheten unterlegten Gewalttheologie zurückgreifen. Dschihadisten und transnationale Terroristen wähnen sich als Avantgarde und Speerspitze der „islamischen Nation“ („Elite der Gemeinschaft“), deren Ziele auf der Vorstellung einer (globalen) Konfrontation zwischen Glauben und Unglauben basieren. Dabei ist der Bezugspunkt der radikal-islamischen Bewegungen nicht ausschließlich ihre Glaubensvorstellung, sondern auch die Rückbesinnung auf das Substrat der Religion. „Ziel ist die Verteidigung der eigenen Glaubensgemeinschaft gegen einen äußeren [bzw. inneren] Feind und zugleich deren grundlegende religiöse und soziale Erneuerung (unter Rückbezug auf die religiöse Tradition), wobei jeweils der eine oder andere Schwerpunkt stärker betont werden kann“ (Malthaner 2005, S. 106). Die islamische Umma als imaginierte Gemeinschaft scheint zwischen der sozialen Gemeinschaft der Volksgruppe (ethnisch-nationalistische Komponente) und den „ausgebeuteten Massen“ (sozialrevolutionäre Komponente) angesiedelt zu sein (ebd., S. 128). Aus diesem Grund nehmen die „Kriege des Westens gegen den Islam“ und/oder die Unterdrückung der Muslime eine prominente Stellung in der dschihadistischen Argumentation ein. Zugleich entwickelt sie eine beachtliche Mobilisierungswirkung.

Eine sub-, genauer gegenkulturelle Gewalttheologie ist der „Durchlauferhitzer“ der Radikalisierung, denn sie fungiert als Verhaltenslehre für (angehende)

Mitglieder, sucht Anknüpfungspunkte an islamisches Denken und Handeln bzw. an die islamischen Traditionsbestände und versucht dadurch, eine spezifische Legitimität und Rechtfertigung von Gewaltanwendung zu generieren (Lohlker 2016, S. 12). Die Theologie der Gewalt von Aiman az-Zawahiri ist trocken, verkopft und langweilig, wie es auch die erste „Fatwa" gegen die Amerikaner von Osama bin Laden war. Die Gewalttheologie der dschihadistischen Akteure aus dem Irak und Syrien ist demgegenüber einfach und eindringlich, zudem schließt sie an die gängigen salafistischen Diskurse an. Zugleich ist ihre Propaganda jugendorientiert, postmodern, rebellisch, dynamisch und „cool": Der IS und andere Dschihadformationen sprechen die Sprache der muslimischen Jugend und wissen um ihre Diskriminierungs- und Zurückweisungserfahrungen. Die Dschihad-Propagandisten versprechen demgegenüber Gleichheit, Stolz, Respekt, Ehre und prozedurale Gerechtigkeit in einer neuen Heimat.

Salafismus als Sprungbrett in den Dschihad?

Die Liebe zu „unserem Propheten" und dessen Genossen wird vom IS als Glaubenspflicht definiert – ein weiterer Grund, um den Salafismus als „ideologisches Fundament des Islamischen Staats" zu qualifizieren (Abou-Taam und Sarhan 2015)? Werben doch die deutschen Salafisten inzwischen mit dem Spruch „We love Muhammad". Einige Szenenvertreter bezeichneten die „Lies"-Kampagne den beiden Islamwissenschaftlern zufolge obendrein als „eine edle Form des Dschihad". Es sei allerdings daran erinnert, dass das Aufrufen zu Gott durch das Wort in der islamischen Orthopraxie durchaus als „die verdienstvollste Art des Dschihad" galt und in vielen Strömungen immer noch gilt. In diesem Sinn sind viele Salafisten in der Tat „Dschihadisten". Das sollten sie im Interesse der inneren Sicherheit auch bleiben. Denn zahlreiche dschihadistische Bewegungen arbeiten daran, „die am wenigsten herausragende" Dschihadform – das Kämpfen, „indem man zuschlägt und tötet", – mit dem Begriff des „heiligen Kampfes" zu besetzen (Lohlker 2009). So argumentieren die Dschihadisten verschiedener Couleur gezielt gegen den Vorzug anderer Glaubenspraktiken vor dem militärischen Dschihad (ebd). Empirisch unbestätigte Annahmen, die als verifizierte (islam-)wissenschaftliche Erkenntnisse dargeboten werden, tragen tatsächlich weder zum besseren Verständnis des zu analysierenden Phänomens noch zur phänomengerechten Prävention bei.

Der (puristische) Salafist Muhammad Nāsir ad-Dīn al-Albānī hätte vielen Glaubensgrundsätzen des IS zugestimmt. Gleichwohl rief er in einer der Fatwas die Palästinenser dazu auf, die besetzten Westbank und Gazastreifen zu verlassen und den Glauben dem Land vorzuziehen. Er musste überdies aus Saudi-Arabien ausreisen, nachdem er die Authentizität eines von den Hanbaliten akzeptierten

Hadith und daraus resultierend die Verschleierungspflicht für Frauen im Land angezweifelt hatte (Lacroix 2013, S. 66). Der IS und AQ-Dschihadisten beziehen sich folglich nicht auf seine Lehrmeinungen. Ihre Referenzpunkte stellen Theoretiker wie Sayyid Qutb, Abu Musab al-Suri, Abu Bakr Naji, Abu Basir al-Tartusi, Abu Qatada, Abu Muhammad al-Maqdisī, ʿUmar ʿAbd ar-Rahmān u. a. dar.

Wichtig ist zudem, dass die vermeintlichen „IS-Salafisten" die salafistischen „Normalos", welche ihnen die Gefolgschaft verweigern, umgehend für ungläubig erklären und sogar mit dem Tod bedrohen. So erging es bspw. dem „Hassprediger" Pierre Vogel wie auch seinen Mitstreitern Brahim Belkaid und Ahmad Armih. Dies liegt darin begründet, dass sich Erstere zwar als Bestandteil einer (imaginierten) weltweiten, *einzigen,* Neo-Umma (umma wāḥida) sehen. Die Nicht-Dschihadisten und die angeblichen Apostaten bzw. Abweichler konstruieren sie jedoch als Out-Gruppe. Es liegen allem Anschein nach nicht nur Ähnlichkeiten zwischen der IS-Theologie und den von ihr bemühten salafistischen Glaubenssätzen vor. Lohlker (2016, S. 33, 187) zufolge handelt es sich im IS-Fall um eine Sekte im Sinne von Max Weber, die eine identitäre Glaubenslehre mit allgemein akzeptierten sunnitischen Glaubensvorstellungen verbindet: „Letztere werden vom IS angeeignet, der sich als eigentlichen Vertreter dieser Grundsätze stilisiert. In seiner Glaubenslehre deklariert sich der IS als eine eigene religiöse Strömung, im Selbstverständnis als die Verkörperung des ‚wahren Islam'" (vgl. Cook 1987).

Das religiöse und kulturelle Substrat des IS-Dschihadismus

Der zeitgenössische Dschihadismus nimmt Bezug auf ein spezifisches kulturelles und religiöses Ideengut, mobilisiert und transformiert den tradierten Wissensvorrat; er befindet sich somit im Kampf um Deutungshoheit sowie um Köpfe und Herzen der Muslime. Übereinstimmend betonte Della Porta mit Blick auf die von ihr untersuchten linken, rechten und islamistischen klandestinen Gewaltnetzwerke: „[…] rather than focusing on preexisting ideologies, explanations for radicalization should look at the manipulation of such ideologies by violent groups, *which connect old frames to new ones,* legitimizing radical means. […] The development of narratives that justify violence should be seen as an *evolution during which symbols and discourses are adapted to other organizational changes*" [Hervorhebung durch Verf.] (Della Porta 2013, S. 232). Doch wie Lohlker (2016, S. 8) zu Recht betonte, sind die hiesigen Salafismusforscher an den religiösen Hintergründen des Dschihadismus und seinen Diskursen wenig interessiert, weshalb diese Transformationen größtenteils unreflektiert bleiben.

So gesehen entpuppt sich die Diskussion über Terroristen als vermeintliche theologische Analphabeten in zweierlei Hinsicht als irrig. Denn einerseits sagt sie wenig über die durchaus vorhandene Theologie der Gewalt terroristischer Akteure aus. Es ist geradezu deren Sinn und Zweck, die Selbstaufopferung auf dem so verstandenen Weg Gottes theologisch zu untermauern und auf der Ebene der „dschihadistischen Orthopraxie“ fest zu verankern. Eine Handlung wird bekanntlich religiös Sinn ergeben, sobald der Handelnde sie mit einer Heilserwartung rahmt, was im Dschihadismus offensichtlich der Fall ist. Andererseits blendet die Fokussierung auf die klassische islamische Normenlehre gerade diese Ebene der Religiosität aus. Denn Gewalt bekommt ihre Bedeutung für die handelnden Akteure eben im spezifischen, islamischen Kontext: „The point here – as everywhere else – is whether the actor makes the act meaningful for himself in terms of islam“ (Ahmed 2016, S. 452). Auch Roy (2017) scheint inzwischen von seiner Argumentation mit Blick auf die Rolle des Islam („Islamisierung der Radikalität“) abgerückt zu sein. Er stellte richtig fest, dass die Religiosität, d. h. die Art und Weise, wie der Gläubige seine Religion lebt und sich Elemente der Theologie und des religiös Imaginären zu eigen macht, zentral für das Verständnis religiöser Gewalt ist – die These, welche Gilles Kepel im paradigmatischen Streit mit Roy konsequent verteidigte. Die Funktion solcher religiösen Deutungsrahmen gilt es noch zu studieren, um Aussagen über ideologisch-theologische Prämissen der Radikalisierung treffen zu können.

Der IS greift auf die prototypischen sunnitischen Diskurse zurück und inszeniert sich als Akteur der prophetischen Tradition. Wer nach einem Tertium comparationis zwischen Salafismus und IS-Dschihadismus bzw. zwischen der salafistischen Glaubenslehre und dem IS-Islam sucht, wird in der sunnitischen Glaubenstradition und -praxis fündig. Denn die Konstruktion der IS-Gewalttheologie erfolgt „mittels genau und gezielt selektierter Elemente islamischer Traditionen“ (Lohlker 2016, S. 138). Beide Strömungen greifen dabei auf dieselbe Quelle – den normativen Islam – zurück.

Die frühislamischen Handlungsskripte als dschihadistische Blaupause

Die IS-„Manager der Barbarei“ überbetonen zugleich die Bedeutung der Gewalt in den frühislamischen militärischen Handlungsskripten. Der dschihadistische Mastermind Abu Bakr Naji (2010, S. 73, 157) erklärte im Traktat „Die Verwaltung der Barbarei“ die Erfolge der Abbasiden vor allem mit ihrer Gewalttätigkeit. Er verwies überdies auf die Gefährten des Propheten, die „Menschen verbrannten, obwohl es ihnen zuwider war“, weil sie die Wirkung roher Gewalt in Zeiten der Not erkannt hätten.[4] Obwohl davon auszugehen ist, dass die IS-Ideologen um den Wortlaut des Hadith „Gebrauche nicht die Strafe Gottes“ wissen, zogen sie als Legitimation die Praxis der Prophetengefährten heran, die diese Strafe angeordnet hatten.[5]

Bekannt wurde der Kalif Abu Bakr laut Naji vor allem für seine Skrupellosigkeit in der Schlacht, „die es fast mit der ‚des Gottgesandten‘ aufnehmen konnte“. Denn „er befahl seinen Soldaten, einen Hals ohne Gnade oder Zögern durchzuschneiden“. Naji konstruierte eine Ähnlichkeit zwischen der frühislamischen und aktuellen Situation und schlussfolgerte daraus, dass es notwendig sei, andere zu massakrieren. Sollte Gott den Dschihadisten zur Macht und zum Sieg der Gerechtigkeit verhelfen, würden sie anschließend Gnade walten lassen (ebd., S. 75). Tatsächlich scheinen einige terroristische Taktiken des IS diese an die Praxis der Salaf angelehnte Vorgehensweise als Basis zu nehmen. Auch der Autor des „Aufrufes zum weltweiten islamischen Widerstand“, der vermutlich aus einem syrischen Gefängnis entlassene Abu Mussab al-Suri, war nicht müde zu betonen: Der Terrorismus sei eine religiöse Pflicht und die Tötung eine Tradition des Propheten (vgl. Kepel 2016, S. 62). Roy (2017, S. 78) betonte allerdings, dass al-Suri als Mitglied der Muslimbruderschaft unter Dschihadisten umstritten sei. Weder sei er ein Architekt des globalen Dschihad gewesen, noch von jungen Radikalen je erwähnt worden.

[4]„Thus, the Companions (may God be pleased with them) understood the matter of violence and they were the best of those who understood this after the prophets. Even the Friend (Abu Bakr) and Ali b. Abi Talib (may God be pleased with them) burned (people) with fire, even though it is odious, because they knew the effect of rough violence in times of need. They did not carry it out and the leaders (among the Companions) and their troops did not undertake it because they loved killing; they were certainly not coarse people. By God! How tender were their hearts! They were the most merciful of creation by nature after the Prophet (peace be upon him). However, (the Companions) understood the nature of unbelief and its people and the nature of a need, in every situation, for severity and tenderness“ (ebd., S. 74).

[5]Nach Lohlker (2016, S. 158) zeigt diese Vorgehensweise, „dass noch so gut gemeinte Gegenfatwas, die methodisch zudem nicht sehr viel abweichen, nicht geeignet sind, den religiösen Legitimationsmechanismus des IS, der sich im Besitz der absoluten Wahrheit weiß, zu stören, und nur der eigenen moralischen Beruhigung dienen“.

Unterschiede zwischen salafistischen und dschihadistischen Frame-Skript-Selektionen

Ein weiterer Unterschied scheint daher darin zu bestehen, dass der IS-Dschihad primär der Ausbreitung seines Herrschaftsmodells und weniger der Popularisierung salafistischer Islamauffassungen dient. Missionierung ist für die Dschihadisten nur ein Nebenprodukt militärischer Expansion (Teilhabe durch Unterwerfung). Aus all diesen Gründen erweist sich das Verständnis des Salafismus als „ideologisches Fundament des Islamischen Staats" und Radikalisierungsursache als korrekturbedürftig, zumal – wie erwähnt – das dschihadistische soziale Feld seine eigene Strukturen, Hierarchien und Schlüsselfiguren hat. Der als „Mönchtum des Islam" stilisierte Dschihadismus, der sich auf die spezifisch uminterpretierte Tradition der Salaf beruft, ist somit keine Teilmenge des Salafismus. Die beiden Kreise können sich überlappen und eine Schnittmenge aufweisen, die oft mit dem Begriff „Dschihad-Salafismus" bzw. „dschihadistischer Salafismus" erfasst wird. Schnittmengen waren auch zwischen den radikalen und Dschihad-Salafisten zu beobachten. Einige Akteure bewegen sich an der Grenze zwischen dem Mainstream- und radikalen Salafismus. Zugleich sollte die voranschreitende „Salafitisierung" des dschihadistischen Diskurses berücksichtigt werden. Diese Schnittmengen finden jedoch ihre Grenze in der Frage nach der Gewaltanwendung.

In den dschihadistischen Narrativen unterscheidet vor allem die geforderte Kampflust bzw. Furchtlosigkeit und unhinterfragte Loyalität die „Gläubigen" („die Leute der Aufopferung und des Dschihad") von den „Ungläubigen", die „zu Hause sitzen bleiben" und/oder „am Leben hängen". Die Dschihadisten (wie auch der Koran) nennen diese Muslime Zauderer, Heuchler und Lügner, sie werden der Trägheit und Feigheit beschuldigt und mit den Ungläubigen gleichgesetzt. Wer daheim bleibe, sterbe den „Tod der Schwäche und Feigheit". Sich der „Gemeinschaft der Sunna und des Dschihad" zu verweigern, „heißt für MuslimmInnen letztlich, abtrünnig vom Glauben (murtadd) zu werden, was in der Weltsicht des IS nur mit der Todesstrafe geahndet werden kann" (Lohlker 2016, S. 105).

Im Hinblick auf die Gewaltakzeptanz hält der Mainstream-Salafismus im Vergleich zum Dschihad-Salafismus und (IS-)Dschihadismus die Ambivalenz aufrecht, wenngleich die Angehörigen beider Milieus dieselben sunnitischen Glaubensvorstellungen vertreten und ihre spezifischen Mythen von der Unterdrückung der Muslime und der Verfolgung des Islam pflegen mögen. Dies gilt teils auch für die radikalen Strömungen, die die revolutionäre Gewalt gegen islamische Herrscher grundsätzlich für legitim erachten. Dass die IS-Gewalttheologie zur Umschichtung des deutschen salafistischen Milieus führte, wobei die IS-Anhänger – wie zuvor auch die Dschihad-Salafisten – größtenteils ins Abseits gerieten, und es nicht vermochte, größere Sympathisantengruppen unter den Salafisten zu mobilisieren, legte dafür Zeugnis ab.

Was den Salafismus und den (IS)-Dschihadismus hingegen ähnlich erscheinen lässt, sind die Mechanismen der religiösen Sinnproduktion: Beide Strömungen rekurrieren auf das ur-islamische Gemeinde-Paradigma (vgl. Küng 2006). Bei der relationalen Situationsdefinition scheint jedoch jede Strömung in ihren eigenen Werkzeugkasten zu greifen. Während für den Salafismus primär der pädagogische Aspekt – die Befolgung des Gotteswillens und der prophetischen Tradition als Vorbereitung auf das letzte Gericht – im Vordergrund steht, greift der zeitgenössische Dschihadismus auf dieselben kanonischen Quellen zurück, um eine Synthese zwischen dem ursprünglich arabischen Reichs- und späteren Weltreligionsparadigma zu vollziehen. Um theologischen und handlungspraktischen Widersprüchen vorzubeugen, konstruiert er seine eigene Gewalttheologie als Grundlage für die so verstandene islamische Orthopraxie.

Takfirismus als charakteristisches Merkmal des Salafismus?

Bereits Ende 2015 waren die deutschen salafistischen Milieus angesichts der offensichtlichen Differenzen zwischen dem Mainstream und den Dschihadsympathisanten sowie späteren unverhohlenen Todesdrohungen an die deutschen „Star-Prediger" („Imame des Unglaubens") seitens des IS verunsichert und wiederholt gespalten. Beobachter machten drei Cluster im Milieu aus (Erasmus Monitor 2016):

- Die „Reformisten" (Adhim Kamouss, Ferid Heider) plädierten für eine fundamentale Kursänderung in der salafistischen Lehre, für die Öffnung gegenüber der Zivilgesellschaft und anderen Religionen, verbale Abrüstung, alternative Lehrmethoden und die Gegnerschaft zu IS/Al-Qaida.
- Die „Relativisten" (Pierre Vogel, Ibrahim Abou-Nagie, Said el-Emrani) beharrten zwar auf der bisherigen Lehrpraxis, sprachen sich jedoch für vorsichtige verbale Abrüstung, moderate Öffnung gegenüber der Öffentlichkeit und die Gegnerschaft zum IS aus. Terrorakte wurden zwar abgelehnt, aber durch Erklärungsversuche relativiert. Den regionalen (defensiven) Dschihad schienen sie weiterhin zu rechtfertigen.
- Die „konspirativen Hardliner" (Ahmad Abdulaziz Abdullah, Sven Lau, Izzudin Jakupovic) waren außerhalb des salafistischen Mainstreams angesiedelt, vertraten eine aggressiv-polarisierende Glaubenslehre, unterstützten den globalen Dschihad, sympathisierten mit der Idee des Kalifats und ordneten sich folglich dschihadistischen Lagern zu. Sie sollen konspirativ für den Dschihad rekrutiert haben.

Wie sich die Loyalitäten ändern, zeigen folgende Beispiele. 2015 lieferten sich Izzudin Jakupovic und Mohamed Mahmoud ein Wortgefecht anlässlich der Ermordung von zwei syrischen Männern vor der Kamera, an der Letzterer beteiligt war.

„Ich rate dir vor deinem Tod Buße zu tun für die Ermordung unschuldiger Muslime“, so Jakupovic abschließend. Der Erasmus Monitor (2015) kommentierte: „Galten noch vor einem Dreivierteljahr alle Dschihadisten als Mudschahideen, die den Sunniten in Syrien gegen Assad zur Hilfe eilten, spaltet sich nun die militante Salafistenszene in Anhänger von Al-Qaeda (Jabhat al Nusra u. a.) und IS auf“. Infolge dieser Umschichtung des Milieus brach auch zwischen den Gruppen um Vogel und Abdulaziz Abdullah ein heftiger Streit aus. Anfang September 2016 fand in Bremen vor dem Hintergrund der beschriebenen Konflikte zwischen den Szenen eine Demonstration gegen den „Idiotischen Staat“ statt.

Aus heutiger Sicht ist den drei genannten Typen noch ein viertes Cluster hinzuzufügen, welches explizit als mutmaßliches IS-Netzwerk zu verstehen ist. Hier waren es keine bloßen Sympathisanten oder Propagandisten, sondern mindestens ein Funktionsträger und möglicherweise sogar altgedientes Mitglied des IS, der im Mittelpunkt eines überregionalen Rekrutierungsnetzwerk im Raum Niedersachsen und Nordrhein-Westfalen stand. Es ist genau dieses Umfeld, in dem sich auch der Attentäter vom Berliner Weihnachtsmarkt bewegte. Doch auch hier bleibt in Anbetracht der vielfachen transnationalen Verbindungen des Attentäters fraglich, ob sich ein eindimensionaler Zusammenhang oder eine Kausalität zwischen dessen Radikalisierung und dem IS-Netzwerk in Deutschland belegen lässt. Diese Skepsis ist hinsichtlich der Gruppen des salafistischen Mainstreams mehr als angebracht.

Somit erscheinen die durch Sicherheitspolitiker und -behörden postulierten Zusammenhänge und Kausalitäten nach wie vor als problematisch. Steffen (2016, S. 10) betonte zu Recht: „Die meisten Salafisten dürften also allenfalls dem Radikalismus zuzuordnen sein. […] Da Radikalismus allerdings eher einen Prozess als einen Zustand bezeichnet, kann Radikalisierung zum Extremismus und ggf. zum Terrorismus führen […]. Allerdings mündet Radikalisierung nicht zwangsläufig in Gewalt. Im Gegenteil: Zwischen den Phänomenen von Radikalisierung und Gewalt besteht kein Kausalzusammenhang“. Von besonderer Relevanz erscheinen daher die klandestinen Rekrutierungs- und Terrornetzwerke, nicht der Mainstream-Salafismus.

Der salafistische Koranismus

Die „Schule des Propheten“ kann insofern als ein Problem betrachtet werden, als die Salafisten ihre mehrheitlich junge und häufig desintegrierte, enttäuschte oder zuweilen empörte und sinnsuchende Anhängerschaft mit religiösen Quellen konfrontieren, deren Exegese einen voraussetzungsvollen Prozess darstellt und der viele selbsternannte Prediger nicht gewachsen sind. Wenn sich diese Jugendlichen dem „Koranstudium“ widmen, lesen sie bereits auf den ersten Seiten jene medinischen und spätmekkanischen Suren, die von den Gläubigen die scharfe Abgrenzung von den Ungläubigen sowie den Kampf für Allah und eine radikale Abkehr von allen Götzen einfordern. Die poetischen frühmekkanischen Suren werden im Koran mit kriegerischen und ausgrenzenden Versen vermengt. Eine Scheidelinie wie die Bergpredigt Jesu mit eindeutigen Vorher-Nachher-Geboten gibt es im heiligen Buch der Muslime nicht. Im Gegenteil: Viele Verse sind mehrdeutig und mit Blick auf die Verhaltensnormen nicht widerspruchsfrei. Einige frühere, vor der Hidschra entstandene Suren können überdies als abrogiert gelten.

Deshalb leistet der von populistischen (Laien-)Predigern vermittelte „Salafismus" – „Islam in 30 Sekunden" – eine Art Unterweisung in einer hermetischen, koranistischen Auffassung des Islam, die in eine gewaltbereite Tendenz umschlagen kann. Denn der Dschihad in all seinen Facetten ist ein integraler, selbstverständlicher Bestandteil des heiligen Buches der Muslime. „Propädeutik zu der gewalttätigen Variante der Religion" nannte dies Khosrokhavar (2016, S. 177) und betonte zugleich, dass es sich „um eine subjektive Wahrnehmung und nicht um ein Ziel oder gar eine erklärte Absicht der jeweiligen Organisation" handelt. Eine ungerechtfertigte Ausweitung des Verdachts einer linearen „Fließband-Radikalisierung" auf alle Anhänger des islamischen Fundamentalismus führe zu einer Stigmatisierung, die am Ende zur Radikalisierung beiträgt – „in Form der Self-Fulfilling Prophecy, die jene, die man ob ihrer fundamentalistischen Haltung des Radikalismus verdächtigt, erst in die Radikalisierung treibt" (ebd., S. 178).

Die vermeintliche Pflicht, eine neue „Koran-Generation" zu bilden, um wieder an die Tradition der Salaf anzuknüpfen, ist das Bestreben vieler (fundamentalistischer) Islamströmungen. Auch Sayyd Qutb hatte dies gefordert, um die wahrgenommene Dekadenz und die Zeit der Unwissenheit zu überwinden. Doch ob der „wahre Islam" bzw. „heilige Kampf" als Aufrufen zu Gott und muslimische Fürsorge oder als „Dschihad-Mönchtum" praktiziert wird, hängt mit dem Selektionsmodus der islamischen Handlungsskripte zusammen. Somit entwickelt sich die „radikalisierende Wirkung" weniger aus „dem" Salafismus heraus als umgekehrt: unter Rückgriff der militanten Akteure auf die jeweiligen Traditionen der Salaf als Handlungslegitimation. Wiktorowicz (2005, S. 190) arbeitete in seiner vergleichenden Analyse des radikalen Islam in Großbritannien zahlreiche Unterschiede zwischen den fundamentalistischen und militanten Akteuren heraus und betonte im Hinblick auf die Al-Muhajiroun-Bewegung übereinstimmend: „[…] the movement tries to appropriate usage of the term ‚Salafi' for itself by claimung that it alone truly follows the model of the salaf through belief and action". Die Mitverantwortung des europäischen Salafismus besteht darin, seinen Anhängern beizubringen, den Koran und weniger den Hadith sehr ernst zu nehmen und sich dann trotz massiver Wissensdefizite besonders exklusiv zu geben.

Um ideologische und theologische Einflüsse auf Radikalisierungsprozesse jedoch nachvollziehen zu können, bedarf es eines profunden Verständnisses der Frame-Skript-Transformationen, die in den dschihadistischen Legitimierungs- und Delegitimierungs-Diskursen stattfinden. Ein konstanter Einflussfaktor der jeweiligen Skriptselektion in der islamischen Geschichte war im Übrigen die Nähe zu Kriegsschauplätzen bzw. Grenzschutzanlagen. Während die „kämpfenden Gelehrten" eine besondere Spiritualität des militärischen Dschihad entwickelten, repräsentierten in den Binnenräumen Gelehrsamkeit und Armenversorgung die höchste Form des Dschihad.

Salafismus als Ursache des Terrorismus und Dschihadismus?
Von dieser Logik ausgehend kann die folgende, ziemlich simple Hypothese formuliert werden: Je zahlreicher und intensiver konfessionell gefärbte kriegerische Auseinandersetzungen bzw. die Unterdrückung der Muslime, desto größer die Wahrscheinlichkeit, dass sich radikalisierte Gruppen herausbilden. Der Salafismus erscheint in solchen Makrokontexten weder als notwendige noch als hinreichende Bedingung. Auch zahlreiche islamische Akteure aus anderen Strömungen haben sich auf den Weg nach „Großsyrien" gemacht. Die vermeintlich gewaltabstinenten Sufis haben in der islamischen Geschichte übrigens zahlreiche Kriege ausgefochten und dschihadistische Größen hervorgebracht.

Grundsätzlich geht der normative Islam anders mit Bedrohungssituationen um. Der Islam ist eine Gemeindereligion, die die lokalen Religionsgemeinden in einer transzendenten Glaubensgemeinschaft verortet sowie neben einer Ethik der Brüderlichkeit (Hilfe in Not) einen Märtyrerkult pflegt (Kippenberg 2008, S. 30). Die Solidarität mit den Bedürftigen ist in den abrahamitischen Religionen ein religiöser Wert. Von der Befolgung der ethischen Grundgebote hängt das eigene Heil ab. Die Solidarität mit den Bedürftigen als Glaubenspraxis stellt für die Gläubigen eine „Konkretion ihrer Religiosität" dar (ebd., S. 39). Es kommt daher vordergründig auf die Schwere und/oder Deutung der Bedürftigkeitssituation und die in der religiösen Gemeinschaft akzeptierten Mittel zur Nothilfe an. Im Islam waren seit der Gründung der Umma die praktische Nächstenliebe und das Bemühen um ein gottgefälliges Leben viel wichtiger als theologische Spekulationen (Orthopraxie statt Orthodoxie). Ein Muslim erfährt seine Identität nicht durch Glaubensformeln, sondern durch bestimmte Handlungen, die er mit Bezug auf seinen Nächsten oder zusammen mit ihm vollzieht (Küng und van Ess 1987, S. 77). Daher kann die Demütigung oder die Gefährdung der muslimischen Gemeinschaft als Gefährdung des Glaubens als Sinn und Zweck des Daseins aufgefasst werden.

Durch die starke Religiosität kann die gegenwärtige Situation obendrein als Zeitalter des Unglaubens, der Erniedrigung oder Diskriminierung und des Leidens (der Muslime) gewertet werden. Damit kann die Brüderlichkeitsethik schnell universalistisch werden. Gewaltlegitimierende fundamentalistische Gruppen, aber auch weniger ideologisierte Akteure können bei dieser Situationsdefinition die Brüderlichkeitsethik durch eine (kriegerische) Solidaritätsethik ersetzen, indem sie auf (früh-)islamische Traditionen als Handlungsskripte rekurrieren

(Kippenberg 2008, S. 45). So interpretiert, erscheint nicht primär die Identifikation mit der imaginierten Gemeinschaft der Muslime als Vermittler zur Gewalt, sondern die durch das Prisma einer Gruppenidentität wahrgenommene Unterdrückung bzw. Erniedrigung, Diskriminierung und/oder Aggression. Die Akzeptanz des Gewalt legitimierenden Handlungsskripts (in) einer Subkultur der Gewalt mit ihrem spezifischen System kognitiver und motivierender Strukturen scheint die hinreichende Bedingung für das Gewalthandeln zu sein (Juergensmeyer 2002, S. 35). Im Fall der präradikalisierten „Verteidiger der Umma" mit einer humanitären Motivation erweist sich die notwendige Bedingung zugleich als hinreichend.

Freilich kann eine vermeintliche oder tatsächliche Aggression vor allem aufgrund des ideologischen Settings salient sein. Doch inzwischen wissen wir gut, dass vor allem der Bezug zu einem Gewaltkonflikt die Besonderheit der radikalislamischen Szenen ausmacht: „Radikalisierungsprozesse finden vor dem Hintergrund der Kämpfe in Afghanistan, Tschetschenien und anderen Konfliktregionen statt und beziehen sich auf diese" (Malthaner und Hummel 2012, S. 277). Nesser (2016, S. 6) kommentiert übereinstimmend: „In order to understand why and how IS-plots occur in Europe, and how to reduce the threat, we need to acknowledge that the main drivers lie outside Europe, in Middle Eastern conflict zones, and *pertain to Western interference in those conflict zones.* We also need to pay special attention to network dynamics: the interplay between local European extremist networks and armed groups in war zones – facilitated through foreign fighting".

Eine Studie von Hegghammer (2010, S. 61) machte deutlich, dass die primäre Motivation einer Vielzahl von arabischen „Mudschaheddin", die in Afghanistan, Bosnien und Tschetschenien gekämpft haben, aus einem Nothilfeethos heraus entstand. Die durch Medien transportierten Bilder von leidenden Muslimen traf sie demzufolge im Kern ihrer islamischen Identität. Es soll im Übrigen mehr Mitgefühl mit den Opfern als Hass gegen ihre Unterdrücker oder die USA gegeben haben. Der heldenhafte Märtyrertod, das Kriegsabenteuer, die Kameradschaft unter Brüdern stellten weitere Motivationen dar. Berichtet wurde zudem über Freundschaftscliquen, in denen das „Abschlachten von Muslimen" emotional diskutiert wurde. Auch die meisten nach 1999 rekrutierten Mitglieder von Al-Qaida zeichnete nach Hegghammer die Motivation aus, das Leiden der Muslime lindern zu wollen. Der Hass auf die negative Bezugsgruppe – „Kreuzfahrer und Zionisten" – entwickelte sich später, in den pakistanischen Al-Qaida-Lagern.

Der abstrakte und religiös verbrämte Bezug ist insofern von großer Bedeutung, als die fest verwurzelten Konnotationen des religiösen Diskurses eine breitere Unterstützungsgemeinschaft zu erreichen vermögen – vor allem nach der „salafistischen Wende" Ende der 2000er Jahre. Die Religion als ein dominantes Medium der Gewaltlegitimation bietet ein einzigartiges Vokabular, welches so eingesetzt werden kann, dass bestimmte Lösungen keine Kompromisse mehr zulassen.

4 Fazit

> Making claims in the absence of supporting evidence is a common rhetorical device used by experts to introduce their various worldviews into the debate on counter-terrorism policy. […] Another tactic […] is counterfactual argument […] (Mark S. Hamm, „The spectacular few“, New York 2013, S. 160).

Auch 16 Jahre nach den Anschlägen vom 11. September 2001 und ungeachtet der zahlreichen ins Ausland gereisten Dschihadisten haben sich in der deutschen Forschung keine ontologischen, normativen und epistemologischen Annahmen herausgebildet, die eine Theorienbildung ermöglichen würden (Biene et al. 2016). Hypothesenprüfende Forschungen, evidenzbasierte Diskussionen und Hypothesenkorrekturen finden daher kaum statt (vgl. Frindte et al. 2016). Die persönlichkeitsbezogene und „salafisierte“ Radikalisierungsforschung ist nicht imstande, prospektiv aufzuzeigen, unter welchen Umständen gefährdete Personen gefährlich werden. Als performativer Sicherheitsdiskurs bewirkt sie zugleich, dass die vermuteten Gefährdeten im Sinne des Risikoparadigmas zur Gefahr bzw. zu Gefährdern erklärt werden. Statt Ursachenforschung terroristischer Gewalt rückte das Radikalisierungsparadigma ein analytisches Placebo in den Mittelpunkt der Auseinandersetzung mit dem Terrorismusphänomen. Obwohl keine nachweislichen spezifischen Einflüsse festgestellt werden konnten, entwickelte die Radikalisierungsforschung kühne Postulate über Radikalisierunsindikatoren, die weder dem Axiom der Äqui- und Multifinalität noch den komplexen Interaktionslogiken im „radikalen“ – lies: salafistischen – Milieu entsprechen können (vgl. Githens-Mazer und Lambert 2010).

Da die meisten Radikalisierungsstudien keine Vergleichsgruppen untersuchten (bspw. Radikale vs. Terroristen), sind ihre Ergebnisse wenig aussagekräftig bzw. ihre Aussagen eher spekulativ. Daher ist die Radikalisierungsforschung

M. Logvinov, *Das Radikalisierungsparadigma*, essentials,
https://doi.org/10.1007/978-3-658-20716-8_4

nicht imstande, belastbare Befunde über die terrorismusrelevanten Radikalisierungsfaktoren bzw. über die Unterschiede zwischen Radikalen und Terroristen zu präsentieren (vgl. Bartlett et al. 2010). Problematische Auswirkungen hat diese (methodische) Ignoranz, wenn aus der Radikalisierungsforschung durch Schreibtischrecherchen und Augenscheinvalidierungen terrorismusrelevante Radikalisierungsindikatoren abgeleitet werden, welche der probabilistischen Risikoeinschätzung dienen sollen.

Den Fokus auf den fundamentalistischen Islam salafistischer Provenienz verdankt die Radikalisierungsforschung dem islamwissenschaftlichen Ansatz, obwohl sowohl der Begriff des Salafismus selbst als auch der Fokus auf die Salafiyya aus islamwissenschaftlicher Sicht fraglich sind. In der deutschen Salafismus- und Radikalisierungsforschung entstand obendrein eine paradoxe Situation: Einerseits wird vorausgesetzt, dass der Salafismus Radikalisierungsprozesse befeuert und zu Terrorismus bzw. Dschihadismus führt. Doch andererseits besteht ein „eigentümliches Desinteresse an den religiösen Hintergründen des Dschihadismus, das [...] im mangelnden Verständnis religiöser Zusammenhänge und Argumentationen begründet liegt [...]" (Lohlker 2016, S. 8). Auf diese Weise lässt sich die Frage nach der Familienähnlichkeit von Salafismus und Dschihadismus/Terrorismus nicht beantworten. Im Verborgenen bleiben unter diesen Umständen die spezifischen Transformationen des islamischen Wissensvorrates für dschihadistische Belange.

In der Tat förderte die soziale Bewegungs-, multifaktorielle Terrorismus- sowie Sektenforschung bereits in den 1970/1980er Jahren Befunde zutage, welche in der angelsächsischen und zeitversetzt deutschen Post-9/11-Radikalisierungsforschung bestätigt, mitunter aber neu erfunden wurden (Sageman 2008, 2017; McCauley und Moskalenko 2008, 2017). So gesehen haben einige akademische Disziplinen wie die Psychologie[1] und Islamkunde zwar dazu gelernt, aber keine neuen Erkenntnisse zutage fördern können.

Das Radikalisierungsparadigma der Terrorismusforschung eröffnete zwar nach den verheerenden Anschlägen auf die US-amerikanischen und europäischen Ziele in den 2000er Jahren neue Wege zur Erforschung der Terrorismusursachen, nahm aber zugleich eine problematische Einschränkung des Forschungsgegenstandes vor. Anstelle der multikausalen, ebenenübergreifenden Ansätze stellte die Radikalisierungsforschung lange Zeit die von einer Ideologie bzw. radikalen

[1]Vgl. die Einschätzung von Bandura (1999, S. 207), die auch auf die Post-9/11-Forschung zutrifft: „Ideological resort to destructiveness is of greatest social concern but, ironically, it is the most ignored in psychological analyses of people's inhumanities toward each other".

Islamauffassung „getriebenen“ Individuen in den Vordergrund. Die frühe Radikalisierungsforschung führte jedoch vergleichsweise schnell zu dem Ergebnis, dass die Rolle der Netzwerke von Gleichgesinnten als Radikalisierungsinstanz nicht ausgeblendet werden kann. Anschließend setzte sich teils die Erkenntnis durch, dass es fundierter Untersuchungen dessen bedarf, unter welchen Umständen radikale Subgruppen die Linie zum Gewaltaktivismus überschreiten. Einige Forschende wiesen überdies darauf hin, dass Radikalisierungsstudien ohne Berücksichtigung der Makrokontexte ebenfalls nicht überzeugen. Somit war relativ früh klar, dass es eines Paradigmenwechsels in der Radikalisierungsforschung bedurfte (Gill 2007, S. 145). Doch die Terroranschläge Anfang Juli 2005 in London verhalfen der Radikalisierungs- als Ursachenforschung endgültig zur paradigmatischen Dominanz, weshalb deren Hypothesen immer noch weit verbreitet sind.

Es ist augenfällig, dass im Gegensatz zu den multifaktoriellen Ansätzen das Radikalisierungsparadigma zweierlei bewirkte. Erstens rückte es einen ideologiekritischen Ansatz der Terrorismusforschung in den Vordergrund, obwohl die geistig-politische Auseinandersetzung mit der islamistischen Ideologie nur einen der Schwerpunkte der strukturellen Terrorismusbekämpfung darstellt. Zweitens fokussierte es vor allem auf die Affiliation mit (nicht zwingend gewalttätigen) radikalen bzw. mehr oder weniger extremistischen Gruppen (Richards 2015, S. 372). Wenn man allerdings Neumann (2013b, S. 887) glauben darf, gestaltet sich das Verhältnis zwischen Extremismus und Terrorismus nicht selbstverständlich im Sinne eines linearen Zusammenhangs.

Es ist kontraproduktiv, dem Mainstream-Salafismus die Rolle des terroristischen Nährbodens und daraus resultierend einen randseitigen Devianzstatus zuzuweisen. Einerseits verstellt diese Perspektive den Blick auf die Radikalisierungsursachen und -mechanismen jenseits der verdächtigen Gemeinschaften. Andererseits wird dieses Vorgehen von den jeweiligen Akteuren antizipiert und für ihre gegenkulturelle Zwecke eingesetzt. Zugleich befördert es Marginalisierungswahrnehmungen und -erfahrungen, die sich als ein nicht unwesentlicher Faktor auf dem Weg zum Extremismus erweisen. Der von dschihadistischen Chefstrategen und dem IS propagierte „Bürgerkrieg in Europa“ – getragen von Teilen der schlecht integrierten und rebellierenden sowie stigmatisierten muslimischen Jugend mit Migrationshintergrund – kann dergestalt leichter ausgelöst werden. Vor allem aber lenkt die wahrnehmungsdominante Perspektive auf „den“ Salafismus „als terroristischen Durchlauferhitzer“ oder „ideologisches Fundament des islamischen Staates“ von den terroristischen Gefährdern und „konspirativ Radikalisierten“ ab – also militanten Gruppen, „introvertierten“ Einzeltätern, klandestinen Netzwerken, terroristischen Zellen und steuernden Gewaltunternehmern. Somit erwies sich das Radikalisierungsparadigma als analytischer Irrweg, der die Terrorismusbekämpfung an den Rand einer epistemischen Krise brachte (Jackson 2015).

Was sie aus diesem *essential* mitnehmen können

- Die zeitgenössische Radikalisierungsforschung stellt das Ergebnis einer epistemischen Reduktion der multifaktoriellen Terrorismusstudien dar. Nahmen die Terrorismusanalysen vor dem 11. September 2001 drei Ebenen – individuelle Motive und Überzeugungssysteme, strategische Entscheidungen auf der Gruppen- bzw. Bewegungsebene und das makrosoziale Interaktionsgefüge zwischen terroristischen Akteuren und ihrem Umfeld sowie dem Staat – in Augenschein, wurden nach der sicherheitspolitischen Zäsur des 21. Jahrhunderts die Weichen neu gestellt. Die Post-9/11-Forschung konzentrierte sich in vielen Fällen vor allem auf die ideologische Ebene.
- Die neue Prämisse der *Radikalisierungs- als Ursachenforschung* war wie folgt formuliert: Wenn es gelingen werde, radikale (religiöse) Überzeugungen zu identifizieren, die Muslime mit Terroristen teilen, so wären die terrorismusrelevanten Radikalisierungsfaktoren erkannt. So entstand das *ideologisch-theologische Paradigma*, das durch einen auf Verhaltensauffälligkeiten und deren Voraussetzungen gerichteten psychologischen Ansatz ergänzt wurde. Lange Zeit suchten die sich als Kriminologen verstehenden Psychologen nach Pathologien einer „terroristischen Persönlichkeit".
- Die Radikalisierungsforschung vermengte die sicherheitspolitischen und erkenntnistheoretischen Diskurse. Der Salafismus bzw. der fundamentalistische Islam wurde über die „Transmissionsriemen" der Radikalisierung und des Terrorismus zum Sicherheitsrisiko erklärt. Über den Radikalisierungsbegriff fand eine Verzahnung des Radikalismus bzw. religiösen Fundamentalismus mit politischer Gewalt statt, wobei Gewalt bekanntlich nur ein Modus Operandi radikaler Subgruppen darstellt und in der Regel aus komplexen Interaktionen zwischen der Innen- und Außenwelt resultiert.
- Da die Sicherheitspolitik primär Interesse an Korrelationen zwischen den vermuteten Radikalisierungsfaktoren und dem islamistischen Terrorismus bzw.

M. Logvinov, *Das Radikalisierungsparadigma*, essentials,
https://doi.org/10.1007/978-3-658-20716-8

Dschihadismus zeigt, ohne jedoch die Frage aufzuwerfen, ob jene den Terrorismus verursachen, bleiben die Terrorismusursachen in vielerlei Hinsicht im analytischen Dunkelfeld. Die offensichtlichen iatrogenen bzw. „Backfire"-Mechanismen der einseitigen Risikozuschreibung werden im Radikalisierungsparadigma kaum reflektiert.

- Eine der größten Schwächen der Radikalisierungsforschung besteht in der falschen Prioritätensetzung und daraus resultierend in der Unfähigkeit der zuständigen Akteure, terrorismusrelevante Entwicklungen zu reflektieren. Den Fokus auf den fundamentalistischen Islam salafistischer Provenienz verdankt die deutsche Radikalisierungsforschung dem islamwissenschaftlichen Ansatz. Es bleibt jedoch festzuhalten, dass weder die Islamologie noch die Psychologie bessere Terrorismuswissenschaften sind – ob der methodischen Schranken.
- Dem Mainstream-Salafismus die Rolle des terroristischen Nährbodens und daraus resultierend einen randseitigen Devianzstatus zuzuweisen, deckt sich nicht mit zentralen Befunden der Terrorismusforschung. Einerseits verstellt diese Perspektive den Blick auf relevante Radikalisierungsursachen jenseits der verdächtigen Gemeinschaften. Andererseits wird dieses Vorgehen von den jeweiligen Akteuren antizipiert und für ihre gegenkulturelle Zwecke eingesetzt. Zugleich befördert es Marginalisierungswahrnehmungen und -erfahrungen, die sich als ein wichtiger Faktor auf dem Weg zum Extremismus erweisen.
- Vor allem aber lenkt die wahrnehmungsdominante Perspektive auf „den" Salafismus „als terroristischen Durchlauferhitzer" oder „ideologisches Fundament des islamischen Staates" von den eigentlichen Gefährdern und „konspirativ Radikalisierten" ab – also militanten Gruppen, „introvertierten" Einzeltätern, klandestinen Netzwerken, terroristischen Zellen und steuernden Gewaltunternehmern.

Literatur

Abou-Taam, Marwan/Aladdin Sarhan (2015): Salafismus als ideologisches Fundament des Islamischen Staats (IS), unter: http://www.kriminalpolizei.de/ausgaben/2015/maerz/detailansicht-maerz/artikel/salafismus-als-ideologisches-fundament-des-islamischen-staats-is.html (15. März).

Agnew, Robert (2010): A general strain theory of terrorism. In: Theoretical Criminology, 14 (2), S. 131–153.

Ahmed, Shahab (2016): What is Islam: The Importance of Being Islamic, Princeton/Oxford.

Altier, Mary Beth/Thoroughgood, Christian N./Horgan, John G. (2014): Turning away from terrorism. Lessons from psychology, sociology, and criminology. In: Journal of Peace Research, 51 (5), S. 647–661.

Armstrong, Karen (2016): Im Namen Gottes. Religion und Gewalt, München.

Bakker, Edwin (2011): Characteristics of Jihadi terrorists in Europe (2001–2009). In: Rik Coolsaet (Hg.): Jihadi terrorism and the Radicalisation Challenge: European and American experiences, Aldershot, S. 131–145.

Bandura, Albert (1999): Moral Disengagement in the Perpetration of Inhumanities. In: Personality and Social Psychology Review, 3 (3), S. 193–209.

Biene, Janusz/Daase, Christopher/Junk, Julian/Müller, Harald (Hg.) (2016): Salafismus und Dschihadismus in Deutschland: Ursachen, Dynamiken, Handlungsempfehlungen, Frankfurt/M.

BKA/BfV (2016): Analyse der Radikalisierungshintergründe und -verläufe der Personen, die aus islamistischer Motivation aus Deutschland in Richtung Syrien und Irak ausgereist sind. URL: https://www.bka.de/SharedDocs/Downloads/DE/Publikationen/Publikationsreihen/Forschungsergebnisse/2015AnalyseRadikalisierungsgruendeSyrienIrakAusreisende.html (4. Oktober).

Bokhari, Laila/Hegghammer, Thomas/Lia, Brynjar/Nesser, Petter/Tønnessen, Truls Hallberg (2006): Paths to Global Jihad – Radicalisation and Recruitment to Terror Networks, Kjeller.

Bosi, Lorenzo/Demetricu, Chares/Malthaner, Stefan (2014): Dynamics of Political Violence. A Process-Oriented Perspective on Radicalization and the Escalation of Political Conflict, Burlington.

M. Logvinov, *Das Radikalisierungsparadigma*, essentials,
https://doi.org/10.1007/978-3-658-20716-8

Brünnow, Rudolf Ernst (1884): Die Charidschiten unter den ersten Ummayyaden. Ein Beitrag zur Geschichte des ersten islamischen Jahrhunderts, Leiden.

Coolsaet, Rik (2016): 'All radicalisation is local'. The genesis and drawbacks of an elusive concept, Brussels.

Cook, Michael (1987): Max Weber und islamische Sekten. In: Wolfgang Schluchter (Hg.): Max Webers Sicht des Islams. Interpretation und Kritik, Frankfurt/M., S. 334–341.

Cross, Remy (2013): Radicalism. In: David A. Snow/Donatella della Porta/Bert Klandermans/Doug McAdam (Hg.): The Wiley Blackwell Encyclopedia of Social and Political Movements, Oxford.

Crossett, Chuck/Spitaletta, Jason A. (2010): Radicalization: Relevant Psychological and Sociological Concepts, Baltimore.

Della Porta, Donatella (1995): Social Movements, Political Violence, and the State: A Comparative Analysis of Italy and Germany, Cambridge.

Della Porta, Donatella (2013): Clandestine Political Violence, Cambridge.

Eckert, Roland (2012): Die Dynamik der Radikalisierung, Weinheim.

Erasmus Monitor (2015): Yamin Abou-Zand und der große Streit. URL: http://erasmus-monitor.blogspot.de/2015/08/yamin-abou-zand-und-der-groe-streit.html (14. August 2015).

Erasmus Monitor (2016): „Imame des Unglaubens". URL: http://erasmus-monitor.blogspot.de/2016/04/zwischen-den-fronten.html (27. April).

Freeman, Jo (1975): The Politics of Women's Liberation, New York.

Frindte, Wolfgang/Slama, Brahim Ben/Dietrich, Nico/Pisoiu, Daniela/Uhlmann, Milena/Kausch, Melanie (2016): Wege in die Gewalt. Motivationen und Karrieren salafistischer Jihadisten, HSFK-Report, 3, Frankfurt/M.

Githens-Mazer, Jonathan (2012): The rhetoric and reality: radicalization and political discourse. In: International Political Science Review, 33 (5), S. 556–567.

Githens-Mazer, Jonathan/Lambert, Robert (2010): Why conventional wisdom on radicalization fails: the persistence of a failed discourse. In: International Affairs, Nr. 4, S. 889–901.

Goldziher, Ignac (1884): Die Zahiriten, ihr Lehrsystem und ihre Geschichte. Beitrag zur Geschichte der muhammedanischen Theologie, Leipzig.

Goldziher, Ignac (1847): Zur Geschichte der hanbalitischen Bewegung. In: Zeitschrift der Deutschen Morgenländischen Gesellschaft, Bd. LXII, S. 1–28.

Goldziher, Ignac (2005): Die Richtungen der islamischen Koranauslegung, Leiden.

Haines, Herbert A. (1988): Black Radicals and the Civil Rights Mainstream, 1954–1970, Knoxville.

Hasan, Mehdi (2013): Woolwich Attack: Overreacting To Extremism 'Could Bring Back Al Qaeda' Ex CIA Officer Warns. URL: http://www.huffingtonpost.co.uk/2013/05/27/sageman-interview_n_3342206.html (28. Mai).

Heerlein, Alexander (2014): „Salafistische" Moscheen – Ort des Gebets oder eine Brutstätte für dschihadistischen Muslime? In: Klaus Hummel/Michail Logvinov (Hg.): Salafismus und Dschihadismus in Deutschland, Stuttgart, S. 155–182.

Hegghammer, Thomas (2010): Jihad in Saudi Arabia: Violence and Pan-Islamism since 1979, Cambridge.

Hess, Henner (1988): Angriff auf das Herz des Staates. Soziale Entwicklung und Terrorismus, Frankfurt/Main.

Horgan, John (2012): Discussion Point: The End of Radicalization? URL: http://www.start.umd.edu/news/discussion-point-end-radicalization (28. September).

Hummel, Klaus/Michail Logvinov (2014): Gefährliche Nähe zwischen Salafismus und Dschihadismus als sozialer Fakt und sicherheitspolitisches Artefakt. In: ders. (Hg.), Salafismus und Dschihadismus in Deutschland, Stuttgart.

Jackson, Richard (2015): The epistemological crisis of counterterrorism. In: Critical Studies on Terrorism, 8 (1), S. 33–54.

Juergensmeyer, Mark (2004): Terror im Namen Gottes, Freiburg.

Kepel, Gilles (2016): Terror in Frankreich. Der neue Dschihad in Europa, München.

Khosrokhavar, Farhad (2016): Radikalisierung, Bonn.

Kiefer, Michael et al. (2018): „Lasset uns in sha'a Allah ein Plan machen", Wiesbaden.

Kippenberg, Hans G. (2008): Gewalt als Gottesdienst: Religionskriege im Zeitalter der Globalisierung, München.

Knefel, John (2013): Everything You've Been Told About Radicalization Is Wrong. URL: http://www.rollingstone.com/politics/news/everything-youve-been-told-about-radicalization-is-wrong-20130506 (6. Mai).

Kudnani, Arun (2012): Radicalisation: the journey of a concept. In: Race & Class, 54 (2), S. 3–25.

Kudnani, Arun (2015): A Decade Lost: Rethinking Radicalisation and Extremism, London.

Küng, Hans (2006): Der Islam, München.

Küng, Hans/Josef van Ess (1987): Christentum und Weltreligionen. Islam, München.

Lacroix, Stéphane (2013): Between Revolution and Apoliticism. Nasir al-Din al-Albani and His Impact on the Shaping of Contemporary Salafism. In: Rojel Meijer (Hg.), Global Salafism: Islam's New Religious Movement, Oxford, S. 58–80.

Laqueur, Walter (2004): The Terrorism to Come. URL: http://www.hoover.org/research/terrorism-come (1. August).

Lauzière, Henri (2010): The Construction of Salafiyya. In: International Journal of Middle East Studies 42/3, S. 369–389.

Lauzière, Henri (2015): The Making of Salafism, New York 2016.

Lohlker, Rüdiger (2009): Dschihadismus. Materialien, Wien 2009.

Lohlker, Rüdiger (2015): Die Gewalttheologie des IS: Gewalt, Kalifat und Tod. In: Jan-Heiner Tück (Hg.), Sterben für Gott – Töten für Gott? Religion, Martyrium und Gewalt, München, S. 70–98.

Lohlker, Rüdiger (2016): Theologie der Gewalt. Das Beispiel IS, Wien.

Malthaner, Stefan (2005): Terroristische Bewegungen und ihre Bezugsgruppen. Anvisierte Sympathisanten und tatsächliche Unterstützer. In: Peter Waldmann (Hg.), Determinanten des Terrorismus, Weilerswist, S. 85–138.

Malthaner, Stefan /Klaus Hummel (2012), Islamistischer Terrorismus und salafistische Milieus: Die „Sauerland-Gruppe" und ihr soziales Umfeld. In: Stefan Malthaner/Peter Waldmann (Hg.), Radikale Milieus. Das soziale Umfeld terroristischer Gruppen, Frankfurt a.M., S. 245–278.

Malthaner, Stefan/Waldmann, Peter (Hg.) (2012): Radikale Milieus. Das soziale Umfeld terroristischer Gruppen. Frankfurt/M./New York.

McCauley, Clark/Moskalenko, Sophia (2014a): Toward a Profile of Lone Wolf Terrorists: What Moves an Individual From Radical Opinion to Radical Action. In: Terrorism and Political Violence, 25 (1), S. 69–85.

McCauley, Clark/Moskalenko, Sophia (2014b): Some Things We Think We've Learned Since 9/11: A Commentary on Marc Sageman's "The Stagnation in Terrorism Research". In: Terrorism and Political Violence, 26 (4), S. 601–606.

McCauley, Clark/Moskalenko, Sophia (2017): Friction: How Conflict Radicalizes Them and Us, Oxford.

Monaghan, Jeffrey/Molnar, Adam (2016): Radicalisation theories, policing practices, and "the future of terrorism" In: Critical Studies on Terrorism, 9(3), S. 393–413.

Mythen, Gabe/Walklate, Sandra/Peatfield, Elizabeth-Jane (2016): Assembling and deconstructing radicalisation in PREVENT: A case of policy-based evidence making? In: Critical Social Policy, 37 (2), S. 1–22.

Naji, Abu Bakr (2010): The Management of Savagery. The Most Critical Stage Through Which the Umma Will Pass. URL: https://azelin.files.wordpress.com/2010/08/abu-bakr-naji-the-management-of-savagery-the-most-critical-stage-through-which-the-umma-will-pass.pdf (23. Mai).

Nesser, Petter/Anne Stenersen/Emilie Oftedal (2016): Jihadi Terrorism in Europe: The IS-Effect. In: Perspectives on Terrorism, 10 (6), S. 3–24.

Neumann, Peter (2013a): Radikalisierung, Deradikalisierung und Extremismus. In: Aus Politik und Zeitgeschichte, 29-31, S. 3–10.

Neumann, Peter (2008): Introduction. In P. Neumann/J. Stoil/D. Esfandiary (Hg.): Perspectives on radicalisation and political violence, London, S. 3–7.

Neumann, Peter (2013b): The trouble with radicalization. In: International Affairs, 89(4), S. 873–893.

Neumann, Peter R. (2015): Die neuen Dschihadisten. IS, Europa und die nächste Welle des Terrorismus, Berlin.

Neumann, Peter R. (2016): Der Terror ist unter uns. Dschihadismus und Radikalisierung in Europa, Berlin.

Perliger, Arie/Pedahzur, Ami (2014): Counter Cultures, Group Dynamics and Religious Terrorism. In: Political Studies, 64 (2), S. 1–18.

Peters, Rudolph (1987): Islamischer Fundamentalismus: Glaube, Handeln, Führung. In: Wolfgang Schluchter (Hg.): Max Webers Sicht des Islams. Interpretation und Kritik, Frankfurt/M., S. 217–241.

Ragazzi, Francesco (2016): Countering terrorism and radicalisation: Securitising social policy? In: Critical Social Policy, 37 (2), S. 1–17.

Richards, Anthony (2015): From terrorism to 'radicalization' to 'extremism': counterterrorism imperative or loss of focus? In: International Affairs 2, S. 371–380.

Roy, Olivier (2006): Der islamische Weg nach Westen, Bonn.

Roy, Olivier (2009): Al-Qaeda in the West as a Youth Movement: The Power of a Narrative. In: Michael Emerson (Hg.): Ethno-Religious Conflict in Europe. Typologies of Radicalisation in Europe's Muslim Community, Brussels, S. 11–26.

Roy, Olivier (2017): Jihad and Death, London.

Sageman, Marc (2004): Understanding Terror Networks, Pennsylvania.

Sageman, Marc (2008): Leaderless Jihad: Terror Networks in the Twenty-First Century, Pennsylvania.

Sageman, Marc (2013): The Stagnation of Research on Terrorism. URL: http://chronicle.com/blogs/conversation/2013/04/30/the-stagnation-of-research-on-terrorism/ (30. April).

Sageman, Marc (2017): Misunderstanding Terrorism, Pennsylvania.

Said, Behnam T. (2014): Islamischer Staat, München.
Schmid, Alex P. (2013): Radicalisation, De-Radicalisation, Counter-Radicalisation: A Conceptual Discussion and Literature Review. URL: https://www.icct.nl/download/file/ICCT-Schmid-Radicalisation-De-Radicalisation-Counter-Radicalisation-March-2013.pdf (15. November).
Sedgwick, Mark (2010): The Concept of Radicalization as a Source of Confusion. In: Terrorism and Political Violence, (22) 4, S. 479–494.
Sheikh, Jakob (2016): "I Just Said It. The State": Examining the Motivations for Danish Foreign Fighting in Syria. In: Perspectives on Terrorism, 10 (6), S. 59–67.
Snow, David A./Cross, Remy (2011): Radicalism within the Context of Social Movements: Processes and Types. In: Journal of Strategic Security 4 (4), S. 115–129.
Sohn, Werner (2017): „Radikalisierung". Ein Hilfsmittel zur rhetorischen Bewältigung der aktuellen Sicherheitslage. In: Kriminalistik, Nr. 2, S. 67–72.
Steffen, Wiebke (2015): Prävention der salafistischen Radikalisierung. Eine Zustandsbeschreibung der Prävention des internationalen Terrorismus in Deutschland (Teil 1/2). In: Forum Kriminalprävention, 4, S. 10–16, 52–56.
Wiedl, Nina (2012): The Making of a German Salafiyya, Aarhus.
Wiktorowicz, Quintan (2005): Radical Islam Rising: Muslim Extremism in the West, Lanham.